La Paz y el Despegue de los Pobres

NOEL PALLAIS-DEBAYLE

Miami, Florida, Septiembre de 2015

Flavio Rivera-Montealegre

DEDICATORIA

Dedico estos escritos a la memoria de mi madre y mi padre, cuyos amores y sabios consejos me dieron, además de una niñez feliz, una constitución moral sólida. Agradezco a mi esposa Julia, quien levantó mi alma cuando más lo necesitaba, y a todos mis amigos que me aconsejaron que escribiera, especialmente a Vicky Tercero Biddlestone, quien instó en mi la idea que el hombre siempre sabe lo no quiere aunque a veces no sepa lo que quiere.

ÍNDICE/CONTENIDO

Juscelino Kubitschek, Presidente de los Estados Unidos de Brasil.
(Brasil, 1902-1976). Fue Senador, Gobernador de Minas Gerais,
Diputado, Alcalde de Belo Horizonte. Del Partido Social

Democrático. Médico y Político. Es considerado uno de los dirigentes más admirados del panorama político de Brasil, apareciendo, junto con Getúlio Vargas, dentro de diversas encuestas como uno de los presidentes más queridos y respetados por los brasileros, como lo mejor que Brasil ha tenido, por sus habilidades políticas, por sus logros y su respeto a las instituciones democráticas. En el año 2001 fue nombrado el "Brasileiro do século XX" (El Brasilero del Siglo XX).

Foto de la portada:
Contraste de la opulencia y la gran pobreza que existe en Nicaragua. La foto muestra el lujoso edificio del Grupo Pellas y un carretón jalado por un caballo muy mal alimentado, a tal grado que se le ven las costillas.

A MANERA DE PRÓLOGO

EL DESPEGUE Y LA PAZ DE LOS POBRES es una obra que seguramente será controvertida. Contiene un mensaje revolucionario que plantea un camino hacia la solución de los problemas de desarrollo que confronta la gran mayoría de los países que conforman el mapa político del mundo a comienzos del siglo XXI – los llamados países del tercer mundo, que se han quedado atrás en la producción y distribución de la riqueza.

Aunque parezca paradójico, la revolución que encierra ese mensaje ya ha sido puesta en práctica exitosamente en los países del llamado mundo industrializado o primer mundo. Sólo que se ha guardado celosamente, casi como secreto de Estado, como si fuese una prescripción para uso exclusivo de los actuales usuarios —los países adultos— como un medicamento demasiado peligroso para permitírselo a los países que se encuentran a juicio de aquellos —en su infancia económica o política; esos, a los que llaman países del tercer mundo.

Sir John Maynard Keynes, el genial economista nacido en Cambridge, Inglaterra, que asesorara al Presidente Franklin D. Roosevelt en sus esfuerzos por salvar a los Estados Unidos de la Gran Depresión de los años mil novecientos treinta, ideó el concepto de la deuda interna para generar trabajo, y proclamó la teoría de la independencia de la moneda del patrón oro o cualquier otro patrón arbitrario. Roosevelt hizo aplicar esos conceptos y, al hacerlo, inició a los Estados Unidos por el camino hacia la cúspide del poder económico mundial, dándole al Capitalismo patente de viabilidad práctica y aun de superioridad, por encima de todo otro sistema económico. Pero Sir John pensaba que era el Estado quien debería ser el único generador de empleo.

Noel Pallais DeBayle, nacido en León de Nicaragua, hace una brillante interpretación de las teorías de Keynes en LA PAZ Y EL DESPEGUE DE LOS POBRES y aun más, da un salto hacia delante. Modificando los conceptos de Keynes, señala a la empresa privada —no al Estado— como empleador primordial y motor principal en los esfuerzos para el desarrollo, dándole forma a un esquema económico-social sui generis que él llama "deuda interna para el desarrollo".

Sugiere, adicionalmente, la manera de aplicar el esquema de manera que no sea rueda de molino al cuello de los países que deban hacer uso de él ni les haga daño con efectos colaterales adversos. Propone para ello mecanismos de auto-vigilancia por los propios países del tercer mundo y, como garantía adicional, la supervisión por parte de organismos económicos internacionales; tales como el Fondo Monetario Internacional (FMI) y el Banco Mundial, ejercida talvez a través de organismos regionales como el Banco Interamericano de Desarrollo (BID) y subregionales, como el Banco Centroamericano de Integración Económica (BCIE).

Hay que tener el coraje de endeudarse internamente para poder conseguir un desarrollo integral sostenido, dice Pallais-DeBayle, en vez de seguir endeudándose con acreedores extranjeros, cuyos créditos en bienes y servicios contabilizados en moneda dura, nunca salen de las arcas del acreedor sino de deuda interna, en su amortización comprometen más allá de lo razonable los recursos producidos y no dejan suficiente para extender el beneficio del progreso a toda la población.

A la faceta teórico-económica yuxtapone Pallais-DeBayle una faceta filosófico-política sobre la democracia y el proceso de su mejoramiento progresivo. Este aspecto de la obra, aunque interesante y a lo mejor futurista es, en mi opinión, una inteligente pero adjetiva digresión del tema principal. Me parece que provocará aun más controversia que la parte sustantiva. Pero la controversia, lejos de hacer daño, es a menudo, poderosa aliada de las ideas innovadoras.

En síntesis, EL DESPEGUE Y LA PAZ Y EL DESPEGUE DE LOS POBRES es una obra que debemos leer quienes nos sintamos comprometidos en el desarrollo sostenido y compartido de los países que ahora viven en la pobreza pero no son ni han sido nunca intrínsecamente pobres. Los hombres y mujeres de pensamiento, adentro y afuera de los gobiernos y de la empresa privada, que quisiéramos ver a los desposeídos de la fortuna convertirse con nuestro apoyo y por su propio esfuerzo en hombres, mujeres y niños con la oportunidad de satisfacer no sólo sus necesidades básicas sino sus aspiraciones para que puedan así llegar a ser las columnas sobre las que se cimienten la unidad familiar y la paz social.

Máximo H. SALINAS-ZEPEDA

Miami, Florida   Marzo del 2002

En aquel tiempo, Jesús, al ver a toda esa muchedumbre subió al cerro. Ahí se sentó y sus discípulos se le acercaron. Comenzó a hablar, y les enseñaba así: "Bienaventurados los pobres, porque de ellos es el Reino de los Cielos. Bienaventurados los que lloran, porque recibirán consuelo. Bienaventurados los pacientes, porque heredarán la tierra. Bienaventurados los que tienen hambre y sed de justicia, porque serán saciados. Bienaventurados los compasivos, porque obtendrán misericordia. Bienaventurados los de corazón limpio, porque ellos verán a Dios. Bienaventurados los que trabajan por la Paz, porque serán reconocidos como hijos de Dios. Bienaventurados los que son perseguidos por causa del Bien, porque de ellos es el Reino de los Cielos. Dichosos cuando por causa mía los maldigan, los persigan y les levanten toda clase de calumnias. Alégrense y muéstrense contentos, porque será grande la recompensa que recibirán en el cielo".

Mt. 5:1-12

Comer es sacramento. Toda mesa, bien vista,

es un altar de Dios. Cristo preside.

Que el pueblo coma es primordial cuidado

del gobernante. Que la familia coma

es la primera obligación del padre.

Y a todos nos compete —deber de ciudadano—

que no haya niño hambriento.

Los niños bien comidos

son el más claro orgullo de los pueblos,

la mejor oración a Dios, que es padre.

Salomón de la Selva

Primera Parte

LA PAZ DE LOS POBRES

¿EL POR QUÉ NO? SIGNIFICA QUE DESEAMOS Y SENTIMOS Y BUSCAMOS. SIENDO FINITOS DE CUERPO, BUSQUEMOS SIEMPRE EN TODO, YA QUE CONTENTARNOS CON LO QUE TENEMOS SERÍA EN LO CINÉTICO DEL TIEMPO ESTAR DE ACUERDO CON LA MEDIOCRIDAD.

AUNQUE SOMOS SOLO PASAJEROS AMEMOS MÁS CON LA MAYOR INTENSIDAD POSIBLE; Y HAGÁMOSLO SIN MIEDO A LA MEDIOCRIDAD MISMA. COMUNIQUÉMONOS MEJOR TRATANDO QUE NUESTRO TRAGO EN TRÁNSITO SEA MENOS AMARGO Y DE MENOS MISERIA Y EXPLOTACIÓN.

LAS CICATRICES QUE PERMANECEN DE HÁBITOS NECESARIOS PARA SOBREVIVR ENTONCES, NOS HACE DIFÍCIL PENSAR EN LA PAZ COMO NECESIDAD INDISPENSABLE AHORA.

TRATEMOS DE DESTRAUMATIZARNOS BUSCANDO HÁBITOS NUEVOS ADECUADOS AL TIEMPO. PENSEMOS EN EL MÁS ALLÁ Y AUNQUE NO SEPAMOS POR

QUE NI QUÉ DIMENSIONES SEAN LAS DEL UNIVERSO, TRATAREMOS COMO ESPECIE DE PERMANECER EN LA NAVE ESPACIAL TIERRA HASTA QUE OTRAS FUERZAS MAYORES QUE NOSOTROS NOS LO IMPIDAN. EN ESTA ESCOGENCIA PECULIAR DEL HOMBRE SE DEFINEN LAS FUERZAS DEL BIEN Y DEL MAL...

Noel Pallais Debayle

I.- INTRODUCCIÓN/PREFACIO

En este libro se enfoca la Deuda Interna Exclusiva para la Producción, como única forma para que los pobres (pueblos o países), puedan desatarse de los círculos viciosos que detienen su progreso y alientan ese status quo negativo de miseria que los caracteriza. Se explica que la deuda es deseable únicamente si el deudor con su asunción se enriquece más que lo que debe a base de producir bienes y movimiento económico. Todo lo último considerando la integración total del proyecto (Producción total > Deuda Total), aunque al comienzo de operaciones la Deuda sea mayor.

Esta Deuda, en sus formas puras acompañada de Paz y Confianza en el futuro, NO PRODUCE INFLACIÓN. La Producción para que funcione a base de deuda interna necesariamente tiene que marchar paralelamente atada a la esperanza y confianza en el futuro; éstas a su vez solamente con la paz se pueden alcanzar. La verdad es que los Pasivos adquiridos con esta Deuda Interna sugerida deben estar más que compensados con activos intangibles que la contabilidad actual no acepta (A menos que se puedan comprar o vender)- como la Paz, la Esperanza, la Tranquilidad- pero existen, por esto es que con buenos gobiernos esta deuda no produce inflación. Todos estos factores están entrelazados. En otras palabras, los pueblos deben de estar contentos con lo que tienen. Meta: Mejores Gobiernos eliminando las ineficiencias que tanto se identifican con la pobreza.

Todo es relativo en la vida. Para progresar hay que dar pasos materiales hacia el Infinito...caminar aunque nunca se llegue. Un país que ahora podríamos llamar subdesarrollado siempre sería más rico que lo que fue el hombre digamos en la edad de piedra. La riqueza se debe de conjugar y relativar al concierto de las naciones. Definitivamente y por antonomasia siempre habrá naciones y pueblos más ricos que otros; pero dentro de un marco de normalidad relativa, máxime en estos días con tanta comunicación, intercambio y locomoción entre los pueblos, estas diferencias relativas NUNCA debieran ser ni abismales ni permanentes. Cuando se dan casos como los que observamos en la actualidad, que pasan de ser injustas para decir poco, se crea una situación alarmante para cualquier alma sensitiva que tenga inquietudes y se preocupe mas allá de las consecuencias que dicha situación pueda tener no solo en nuestra generación, sino también en la de nuestros hijos, nietos y bisnietos.

Es conveniente pues hacernos una introspección para buscar soluciones y estas deberán estar basadas en eliminar los sistemas que tengan la tendencia a hacer que estas situaciones sean permanentes. Antiguamente era cosa corriente que un pueblo relativamente salvaje en formas hasta personales arremetiera y atropellara a otro para explotarlo, quemarles sus hogares y ciudades, raptarle sus mujeres y esclavizarlo para hacerse más rico con ello. Ahora las explotaciones no siempre las hace una persona o un dictador o una nación agresiva.

Paradójicamente éstas son hechas por sistemas creados por el hombre para el buen uso del mismo hombre. Son ellos los sistemas que debemos cambiar así como los status quo producidos que muchos con miopía egoísta a corto plazo desean que permanezcan.

Podríamos dividir la obra en dos partes primordiales:

La PRIMERA PARTE, que se está leyendo, La Paz de los Pobres, describo lo que, según yo, debiera de ser el ambiente o atmósfera en el cual se deben desarrollar cualquier cambio económico deseable, además de crearse todos los resultados de un buen gobierno, tener y gozar de Paz, Esperanza y Tranquilidad. Es una breve introducción de lo que se desea; en la cual está incluido lo presente. Sería como escribir en el agua dar sugerencias económicas, si no existiesen los ambientes adecuados para llevar esto a cabo. El ambiente conveniente, y no me cansaré de repetirlo, es la paz. Solamente con Paz y Esperanza en el futuro se puede entrar en Deuda interna para producir. Todo lo demás son quimeras.

Seguidamente describo los Principios Básicos que rigen el modo de pensar del autor. Se necesitan las bases para construir un edificio. Sobre estas bases es que se debe de sugerir y construir soluciones. Toda doctrina o solución que no parta de principios sólidos, fracasará como lo estamos viendo. Estos derivan de la moral necesaria que debe ser aplicada para la supervivencia del hombre como especie y su permanencia en el planeta tierra y son casi los mismos que nos enseñaron en la escuela; como también son los casi mismos en forma universal que delinean los deberes y derechos de las comunidades y de los hombres entre sí para la supervivencia. Tienen que ver con la búsqueda de la paz, así como la esperanza que resulta del encuentro de esa misma paz.

Luego en este libro hago alusión a sugerencias de como actualizar el mejor sistema que hasta ahora ha descubierto el hombre: La democracia, la cual tampoco es estática muy a pesar de lo que algunos piensan. Justamente para que no sea desfasada por supuestas nuevos sistemas, por ser humana y de aproximación es que pide a gritos ser actualizada. La pongo antes que la económica por ser más relativa y para dar más énfasis al mensaje económico de estos escritos. En esta parte doy varias sugerencias basadas en mejorar la democracia, solución social que como meta, es la que más resultados positivos le ha traído a la humanidad hasta ahora. Apelando a los Principios enumerados en la parte anterior abogo entre otros, por la eliminación completa del militarismo o cualquier guardia pretoriana, así como el mecanismo debido para la entronización justa de la Deuda para Producir, de mejoras en el sistema electoral y camaral, y muy importante, doy soluciones sugeridas basadas en el principio, creo olvidado, que los pueblos aunque no necesariamente sepan lo que quieren, SIEMPRE SABEN LO QUE NO QUIEREN.

No pretendo que mis sugerencias para lograr el buen gobierno sean ninguna panacea. Si la Paz y la Tranquilidad (no confundir paz con silencio) se logran con otros andamiajes, pues en buena hora. En lo que sí insisto es que nuestros pueblos pueden entrar casi de inmediato en la Producción y Generación de Riqueza siguiendo las sencillas premisas económicas aquí descritas. Todo esto no está pegado en ninguna nube y es más práctico de lo que se cree.

En la SEGUNDA PARTE, que yo llamo El Despegue, es el punto en el espacio/tiempo de un pueblo que con Paz, Esperanza y Tranquilidad, se puede dedicar a buscar la felicidad en un ambiente adecuado para que su trabajo le produzca bienestar a su familia no a otros. En esta parte que contiene el verdadero mensaje económico, soy más específico, pues me concentro en lo que es el meollo de un pueblo pobre: Su condición económica. Sabiendo como o buscando como, según yo, es potestad de cada individuo o pueblo pobre, el mejorar su condición siempre y cuando los ambientes y sobre todo el sistema, lo permitan; y por lo tanto sostengo por ende, que es obligación por conveniencia, de todo individuo o pueblo rico el permitir y coadyuvar al pobre en estos menesteres. Y esta cooperación NO implica dádivas ni menoscabo en el bienestar del más rico sino por el contrario, enriquece más; de allí lo de "por conveniencia". La riqueza, al igual que la pobreza, es contagiosa.

El hombre en un tiempo -en las épocas del trueque-, cambiaba lo que producía por lo que necesitaba. Ello mucho le redundaba en grandes detrimentos e incomodidades cuando tenia que desplazarse por enormes distancias al tratar de acomodar lo que producía y vendía con lo que necesitaba y compraba. -Por solamente pura comodidad se creó el patrón metálico de la moneda-, pues obviamente resultaba más cómodo cargar con una bolsa de oro que con cueros u otros artefactos para obtener telas o víveres con distintos factores de espacio y tiempo. Vamos a sintetizar situaciones: El "dios/estado" socializó el oro; le dio un valor obligatorio y prohibió su acuñe en forma privada. El oro que casi no tenía uso más que como un metal pesado, brillante y bonito que servía y sirve como adorno, surgió como el símbolo y valor de la riqueza. (En estos tiempos ya está teniendo uso comercial en la industria electrónica).

Vino después y para decían mayor comodidad el papel moneda —más subterfugios y enredos sutiles pues el papel aguanta lo que le pongan. Una billetera es todavía más cómoda que una monótona bolsa de oro (¡!). Estaba supuesto a remediar un mal no exclusivo y común y terminó con los gnomos de Suiza y muchas explotaciones sutiles que redundan en situaciones vedadas al pobre que desconoce de los subterfugios y enredos del manejo del papel moneda. Hasta una carrera profesional se ha hecho de los conocimientos exóticos de este manejo que no está necesariamente al alcance de las masas populares. Es más, existen clubes exclusivos y círculos cerrados y hasta semi secretos que se reúnen periódicamente. Algunos grandotes se dicen que para "paternalmente" dirigir los sucesos económicos del mundo (¡!).

Y es que la verdad es que entre las seis a diez libras de carne que adquiere el ama de casa y los treinta pesos en papel moneda que paga, existen miles de situaciones que no son del conocimiento general. Situaciones que con esos conocimientos exóticos redundan muchas veces en la explotación del hombre por el hombre. Son de éste tipo las que nos ocupan y producen las situaciones y posiciones del llamado Tercer Mundo. Una de las más importantes es la impresión en papel de los treinta pesos que usó esa ama de casa para comprar las diez libras de carne. Ya no implica solamente la oferta y demanda de la carne como alimento sino también como un ejemplo, la justificación de las herramientas o financiamiento para producir ese alimento así como la adjudicación de esas justificaciones entre otras decisiones. El indio repartiendo chicha. El rico administrando riquezas. Aunque las metas en la vida sean absolutas, los métodos y mecanismos que llevan a ellas son relativos. Una forma digna de estudiarse es observar el mecanismo usado en que se exportan bienes y servicios de los países desarrollados a base de auto deuda para que el país en desarrollo que supuestamente sea el beneficiario y usuario de esta deuda en bienes y servicios necesarios para su desarrollo, quede maniatado con una verdadera deuda (por a largo plazo que sea), pudiendo por conveniencia existir otros sistemas de lograr lo mismo pero menos onerosos, como se verá adelante. En otras palabras el fabricante o suplidor de los bienes y servicios que el país exportador vende, recibe pago inmediato, el cual aunque sea a través de alguna Institución bancaria, proviene de simplemente una deuda interna, cuidadosamente estudiada que no produzca inflación, ya que como se explicará más adelante, va acompañada de otros activos intangibles, como el movimiento económico, fe en el futuro, empleo, intercambio de actividades derivado de los factores multiplicadores generados, tranquilidad, etc., etc.

El papel moneda podía en un tiempo ser legalmente redimido por su equivalente en oro, o sea que el circulante en billetes tenía que ser igual al equivalente en oro guardado de su valor "cara". La verdad es que en formas esporádicas y cada vez mas periódicas se dieron casos en la historia cuando el oro de las minas resultaba ser menor que los denarios en documentos que usaron los romanos para sostener sus guerras o construir acueductos; también los monarcas españoles firmaban promesas a banqueros alemanes con la esperanza del oro de América que a veces no llegaba a puerto por no permitírselo los piratas.

Abiertamente y sin tapujos imprimió papel moneda Franklin D. Roosevelt sin el respaldo del oro de Fort Knox. Ninguna ley lo permitía pero tampoco ninguna ley lo prohibía. Había crecido tanto la economía de los Estados Unidos cuyo circulante necesario tuvo que ser restringido, por no existir el oro guardado para su respaldo al crecimiento económico que reclamaba el necesario circulante. Simplemente no había suficiente de éste en las arcas. Ya asomaban las colas de hambre, desempleo, miseria y la falta de esperanza que produce la inactividad económica, amén de los suicidios a diario que caracterizaron a la Gran Depresión de los años treinta. Se le atribuye a **Sir John Maynard Keynes**, economista inglés, el haber aconsejado a Roosevelt en estos menesteres de crear actividad económica.

Keynes es responsable de la teoría que el Estado debe de paternalmente proporcionar empleo a todos los individuos y por lo tanto crear actividad económica. **Franklin Delano Roosevelt** siguiendo sus indicaciones, además de poner a cuadrillas a hacer zanjas y a otras que venían detrás a tapar las mismas, creó y fomentó la

Tennessee Valley Administration. El principal proyecto de ésta consistía al principio básicamente en el endeudamiento del Valle del río Tennessee y la producción de la maquinaria y bienes para producir electricidad, así como las industrias resultantes concurrentes.

Para hacer lo anterior simplemente se imprimió sin respaldo. Se creó así el concepto moderno de la Deuda Interna. Pero, y esto es muy importante, la deuda del proyecto del TVA tuvo la característica única que fue Deuda Para Producir. EXCLUSIVAMENTE. En otras palabras yo sostengo que: TODO O CUALQUIER PROYECTO CUYA RENTABILIDAD SEA MAS ALTA QUE SU COSTO, ambos integrados en el tiempo, ESTA JUSTIFICADO A LLEVARSE A CABO; es más, DEBIERA de llevarse a cabo. Es éste el mensaje primordial del libro, y la única fácil herramienta para que los pueblos pobres salgan de sus miserias.

Lo anterior es una realidad o teoría económica, que ha sido y sigue siendo usada en formas aisladas y exclusivas. El empleo de Keynes –respetando sus buenas intenciones-, además de ser voluntario, NUNCA debe ser proporcionado por el Estado. El estado es el peor administrador en existencia. Al hombre para que produzca se le deben facilitar en formas no exclusivas las herramientas financieras necesarias para que produzca voluntariamente, y siempre funciona a base que sus actividades le redunden en riqueza, para EL y su familia, no para ninguna colectividad en la que siempre se sospecha que se está trabajando para otros. En otras palabras el INCENTIVO es condición *sinequanon* para que el hombre se mejore.

Bajo el pretexto que los países pobres abusan de la impresión o deuda para fines bastardos (como cambios rápidos de monedas y cuentas suizas etc.), los policías internacionales, que son los Bancos e Instituciones Internacionales, no permiten que las naciones pobres se auto endeuden; (especialmente después de establecérseles las llamadas "ayudas de emergencia"), se les exige a los países pobres economía de alcancía, mientras que los países ricos no la practican. Estos mismos policías se pudieran encargar que un país pobre se endeude exclusivamente para producir.

Y ES QUE LA RIQUEZA NO LA CONSTITUYE EL ORO GUARDADO, ni las joyas, ni las herencias, ni las mansiones, ni aún el mismo ahorro *per se* del que tanto se ha hablado; para mí la riqueza guardada no es más que economía dormida que debiera de producir más riqueza al verdadero dueño de ella. La verdadera riqueza es una mezcla de varios factores entrelazados que concurren al bienestar como la esperanza, LA PAZ; y la tranquilidad, la salud, la educación, la falta de hambre y todos aquellos que como los anteriores resulten del trabajo y producción que rinde el hombre en los ambientes de esperanza que da la PAZ.

A un país rico NO LE SON CONVENIENES LAS INVASIONES INATAJABLES de miseria, enfermedades y crímenes que conlleva la pobreza. Así como ésta es contagiante, también lo es la riqueza y un país se enriquece más ayudando a otro a mejorarse; las dos son espirales *in descendo e in crescendo*. La deuda buena no es nada más que la actualización de un futuro con esperanza. Para que un país pobre pueda producir con esperanza necesita de la PAZ. Necesita manejar sus asuntos en formas justas y eficientes dentro de lo posible. Necesita de buenos gobiernos.

La forma que sugiero ayude el Estado a la producción voluntaria, sería a través de la adquisición regulada, de Acciones en cualquier buen proyecto, de las llamadas "Preferenciales", a una rentabilidad decente fija, sin voz ni voto al principio. Esto lo haría el Estado por medio de un ente semiautónomo, tipo Bolsa de Valores. Equivaldría a un aumento de Capital del proyecto en cuestión, con la adquisición temporal por el Estado o su representante, de las mencionadas acciones preferenciales, las cuales pasarían luego a ser comercializadas libremente según la oferta y la demanda, además de pasar a ser acciones comunes como las ya existentes.

La meta sería que se produzca tal actividad económica, que hasta se pudiese eliminar el impuesto sobre la renta.

Finalizo esta obra señalando algunas generalidades y haciendo algunos comentarios sobre el sistema anterior que voy a describir y trato de sintetizar y actualizar algunas situaciones paralelas que resultarían de su aplicación, con asunciones que creo derivan de realidades de resultados, sin por ello reclamar originalidad exclusiva ni completura en ningún caso.

II.- BREVE INTRODUCCIÓN FILOSÓFICA DE "EL DESPEGUE"

La mayoría de las personas que están leyendo, estoy seguro que han sentido en carne propia una desesperación que a veces raya en la apatía y el abandono cuando aún después de tratar tesonudamente, la vida pareciera que niega la oportunidad de mejoría. Cuando se observa con desesperación que todo cuesta más a unos que a otros. Cuando se confirma lo caro que paradójicamente es la pobreza. Cuando se llega al convencimiento que el esfuerzo entregado redunda en beneficios que no se ven y que se pierden desproporcionadamente, por a veces detalles pequeños incontrolables. El no poder por ejemplo cumplir un acometido grande por no poder viajar, o el ver morir a un ser querido por no poder suplirle la medicina requerida.

En cambio por variadas circunstancias pareciera pocas veces que de repente todo cambia. Lo grande se realiza fácil porque sin pensarlo mucho se toma un avión; y el ser querido ni se considera que siga vivo porque se inyectó el antibiótico debido, así como casi nadie piensa que los dientes no se caen porque se les lava diario y se visita al dentista.

Esta situación en los individuos es proporcionalmente la que yo llamo "El Despegue"; el punto en el cual un pueblo o individuo se siente seguro, dueño de sí mismo y de sus miras, con confianza y asentamiento en el futuro. La persona que llegó a este punto hasta pareciera al comienzo que pierde el sentido de las dimensiones y cree que tiene el "toque de Midas"... ¡Pero qué difícil es llegar a esa situación crítica! La mayoría de las veces se llega no necesariamente por el esfuerzo proporcionado, sino por circunstancias especiales como golpes de suerte, situaciones heredadas y otras a veces no las más morales.

Con lo anterior no estoy negándole mérito al esfuerzo especial de sacrificio, sino enfatizando que el punto crítico "Despegue", es una circunstancia innegable. Ese mismo sacrificio cuando es bueno y llevó al "Despegue", redunda después en beneficios geométricamente superior cuando se pasó este estado. Sugiero referirse al punto que yo llamo "Despegue" en el gráfico de la página 146.-

Con las debidas proporciones existe exactamente lo mismo entre las naciones como entre los individuos. Solamente que a veces se observa con lástima, que entre las naciones, quizás por atavismos heredados y traspasados involuntarios, pareciera que existieran confabulaciones satánicas de los que más tienen contra los que menos tienen.

Yo creo que estas situaciones se pueden subsanar en formas suaves con solo realizar lo inconveniente que son y de como inciden negativamente en todos los sucesos de TODOS los hombres en las búsquedas de mejorías en esta vida pasajera. Lo que más requiere materia de profunda introspección es la mirada triste de los niños enfermos con hambre que ya ni se espantan las moscas de sus cuerpos raquíticos y sus abultados parasitarios estomaguitos. Los pocos que quedan vivos se convierten en adultos traumatizados.

Las soluciones son mucho más sencillas de lo que se sospecha.

La mejor forma de describir este pequeño coloquio es decir que se distingue por ser cándido y por lo tanto puro. Incluso contra intereses que podrían interpretarse como personales. El hecho que se diga en él por ejemplo que uno de los males que acoge a la humanidad, y sobretodo a nuestros pueblos subdesarrollados es el culto exagerado a la personalidad, o caudillismo si se le quiere llamar, no contradice en nada que yo haya sido muy cercano a una persona que yo quise mucho y quien fue el ejemplo perfecto de una recia personalidad megalómana y carismática en mi pequeño país. **Anastasio Somoza DeBayle**, de quien fui primo hermano y quizás su colaborador más cercano un tiempo, (especialmente al principio de su mandato). Sorprendería por ejemplo el hecho que siendo menor fui influenciado por esta misma persona hacia los males del militarismo mientras jugábamos (yo de ocho años y él de once) bajo los torreones de un campo militar dedicado al dios mitológico de la violencia y las batallas: Marte. (Después noté que este sentimiento fue en algo sublimado y cambiado hacia la mayor educación profesional civil para los oficiales cuando él llegó a ser Jefe del entonces pequeño Ejército de mi pequeño país). Como persona no me considero del todo imparcial como para ser juez de ningún ser que he querido, sobretodo los considerados controversiales, a pesar de cualquier diferencia o incidencia que hubiese existido en lo personal. Para tratar de situaciones de buscas macros y no de sentimientos egoístas micros, es necesario hacer algo que yo llamo "desyoyizarse". Si se quieren obviar los argumentos importantes de contexto con argumentos mediocres que no inciden en meollos sino en formas sin profundidad estaremos haciendo lo mismo: Hablando necedades y posponiendo lo bueno para nuestro casi perenne mal. En otras palabras voltearle la cara a las realidades y olvidándonos de nuestros nietos. ¿Nos gusta esto? Lo dudo.

Gral. Anastasio Somoza DeBayle
(León, Nicaragua, 1925 – Asunción, Paraguay, 1980)
Presidente de Nicaragua (1967-1972 y 1974-1979)

Tampoco hay que pensar que se está en ningún momento descubriendo la pólvora. Existen siempre los pseudo sabios de círculos cerrados que dirán que aquí no se dice nada nuevo. A mí me gusta mucho lo que dijo Harry S. Truman a este respecto que lo único nuevo en el mundo es la historia que no se ha leído. Ellos por más que lean y relean y midan lo pensado por las páginas devoradas sin profundidad, nunca podrán leer todo lo escrito y mucho menos lo pensado. Además lo aquí tratado no está dirigido a estos "dueños de la verdad" sino a la mayoría de los pueblos: Los que sufren y los que hacen, no los que hacen sufrir, roban, hablan y no hacen nada positivo. Simplemente estoy exponiendo situaciones que ya se mal usan selectivamente. Situaciones reales y probadas que debieran de ser generalizadas para el bien de todos.

También es un hecho conocido que la riqueza, sobre todo en los países pobres tiene una relación psicológica con la explotación y por lo tanto con el repudio. Todos éstos reflejos condicionados son derivados del hecho que con el sistema monetario al que estamos acostumbrados, ésta ha veces ha sido lograda muchas veces por herencia o a base de manipuleos y explotaciones de los pobres, quienes son la mayoría. Pero por la misma razón que esto sea conocido es que se debe repetir sin descanso que la riqueza es más bien buena en un sistema justo. El mensaje es que hay que tener un sistema justo, a base de desligarnos en lo posible de sistemas anacrónicos y de resultados de búsquedas quizás bien intencionadas pero que en efecto tienden a perennizar las explotaciones. Esto es el verdadero progreso.

Al hacer buen uso de la Deuda Interna como arma buena en el suceder de los pueblos, el hecho que la palabra deuda sea connotada en forma negativa a pesar que ésta es deseable si está acompañada de mayor riqueza y que esto no sea debidamente expuesto a la luz en vez de ser manipulado, me recuerda los momentos de titubeos e indecisión en edades históricas, semejantes a los de un niño que de repente recibe un juguete grande y por el momento no sabe que hacer con él. Estas situaciones de titubeo, que en la vida diaria en distintas unidades de tiempo son aprovechadas por ladrones a la luz del día, son las situaciones sociológicas que hay que encarar. Yo diría que hay que darle una fuerte sacudida bondadosa a los grandes, dándoles el beneficio de la duda que están aparentemente perturbados por un concepto relativamente nuevo y bueno, y decirles que se despierten para su PROPIO BIEN.

Es muy importante lo de "su propio bien". Yo quisiera humildemente poder convencer a todos que lo que aquí recomiendo es sumamente CONVENIENTE para los países poderosos. Que, como expresé antes, la riqueza es contagiosa. Que si buscamos igualdad que sea ésta igualdad de búsquedas de riqueza y no igualdad de sufrimientos y pobrezas. Estos sufrimientos son siempre mayores, pero mucho mayores que las normales propias de este valle de lágrimas. Que los males que acompañan a todas las miserias TAMBIEN son contagiosos, (crímenes, inmigraciones ilegales, deudas impagables, terrorismos internacionales, enfermedades etc.) y que la única forma de combatir estos males es tratando de eliminar las situaciones que los originan. La mayoría de las veces la eliminación de ellos va en contrariedad con muchos intereses creados miopes y bastardos a corto plazo que al final no son CONVENIENTES para nadie. Ni para los mismos que se oponen a la difusión generalizada de lo aquí expuesto. A este respecto es necesario exponer que lo primero que debieran de hacer los países desarrollados por intermedio de las Naciones Unidas es detener la venta de Armas. Resulta ridículo observar como muchos países quieran implantar el control de armas ciudadanas (¡hasta las deportivas!), por otro lado se involucran en ventas amorales (por regaladas que estas parezcan) y astronómicas de "know how" y de instrumentos de destrucción a países con hambre. La mayoría de estas armas son ya desfasadas en sus propios países y están siendo reemplazadas por otras con mayor eficiencia de destrucción y muerte. A posturas como las descritas solo se les puede tildar como de MACROHIPOCRECÍAS.

Para todo esto hay que tener mentes creativas y sobretodo PAZ, para poderle prestar al futuro buenas proyecciones que solo se pueden llevar a cabo en buenos ambientes de paz. Así ya con la tangibilización de los buenos activos del futuro, poder entonces mitigar las pobrezas del presente. Esto también es conocido pero solo aplicado por los grandotes. Yo no sé si en contubernio con minorías, pero generalmente los países más avanzados tienen gobiernos o líderes que envían mensajes a sus pueblos acerca de la maldad de todas las deudas englobándolas todas, las buenísimas y las pésimas. En deudas no hay términos medios.

El principio es el siguiente: Toda deuda para que pueda ser clasificada de buena debe financiar un proyecto que sea auto pagable; esto por definición tangibiliza la deuda que antes era papel, convirtiéndola en un bien real de producción. —Produce Riqueza.

No se puede con 100% de exactitud estimar que todo proyecto va a ser auto pagable, pero se puede estimar en un alto porcentaje su resultado. Estos Estudios de Factibilidad ya se hacen y   sirven de base actualmente para las transacciones comerciales actuales. En otras palabras pagar una deuda programada nunca debiera representar ningún problema para un buen proyecto. Lo anterior debiera de de tirar al traste con "el patrón oro". La producción de cualquier proyecto bueno es el verdadero respaldo necesario del mismo. (Seguiría entonces que en un sentido purista y si no se   necesitase de los Bienes y Servicios Extranjeros, los países del Tercer Mundo podrían autofinanciar su Desarrollo).

Imprimir dineros o sea auto endeudarse les está vedado por los abusos mencionados seguidamente.

EL HECHO REAL ES QUE AUTOENDEUDANDOSE PARA PRODUCIR, AL IGUAL QUE LOS PUEBLOS RICOS, ES LA UNICA FORMA QUE LOS PUEBLOS DEL TERCER MUNDO SALGAN DE SUS MISERIAS. SE DEBIERAN DE TOMAR LAS MEDIDAS, AÚN A NIVELES MUNDIALES Y AÚN A EXPENSAS QUE ESTAS SEAN TILDADAS DE INTERVENCIONISTAS, DE LIMITAR QUE LA AUTODEUDA O IMPRESION SIN RESPALDO SEA

EXCLUSIVAMENTE PARA FINES DE PRODUCCION Y NO PARA LOS FINES NEFASTOS Y AMORALES EN QUE SE LLEVAN A CABO.

Además de la deuda positiva como la que sacó a los Estados Unidos de la depresión, (la cual como dije antes, NO produce inflación), existe la pésima y negativa que es la de imprimir irresponsablemente dineros para los fines que sean. NINGUNO es justificado; es mejor no pagar que castigar a un pueblo pobre.

La situación descrita es la que se observa ya periódicamente en algunos países de América Latina cada vez que toma posesión un nuevo Jefe de Estado. La caterva saliente (en varias formas) imprime grandes cantidades de moneda local para rápidamente cambiarlas a dólares o a otra moneda sólida y depositarlos en cuentas suizas o similares, antes que el mercado llegue a su equilibrio y dé tumbos de desvalorización, el peso o la moneda local por la abundancia de la misma, después de la mega imprimida amoral.

Quien paga por esas desvalorizaciones es el pobre quien se vuelve más pobre. Hay que realizar que cada vez que se entra en inflación quien paga es el pueblo. Es el impuesto generalizado más eficiente en existencia pues no tiene costos fijos para su colecta. Lo triste y cruel es que la gran mayoría de los pueblos de los países pobres son precisamente los pobres que con éste mecanismo negativo y atorrantemente ignorante en el mejor de los casos, inocentemente se hacen cada vez más pobres. **Y lo todavía más triste y más cruel es que quienes hacen más uso de esta arma nefasta son los que se auto titulan defensores de los pobres.** Esto también es un hecho nada nuevo; son los mejores ladrones y los mejores asesinos porque matan y/o roban a diestra y siniestra para según ellos, justificar sus malandanzas y creencias.

En la vida actual de mejor comunicación y de fronteras inventadas entre países que a cada instante se reducen más, no puede ni debe existir el aislamiento. Ningún alma es isla y las teorías hipócritas de no intervención han sido súper pisoteadas con hechos reales. Por lo tanto así como existe la buena intervención, en por ejemplo la observación de los procesos electorales y en las mismas fiscalizaciones de pasivos resultantes de los préstamos otorgados por los organismos internacionales, asimismo se pueden fiscalizar las deudas internas para producción local, por estos mismos organismos. Las buenas andanzas inciden en todos los ciudadanos del mundo y las Naciones Unidas son una prueba palpable de ello.

Tenemos que ser frugales en todas nuestras inquietudes. Las energías innecesarias como las bélicas y la misma bancaria cuando son usadas por minorías en formas discriminatorias respaldadas por el Estado tienen que ser sublimadas hacia mayores búsquedas de felicidad para el hombre. Ya lo ha visto la historia como muchos llamados "castigos" a ciertas naciones perdidosas en conflictos bélicos resultaron ser bendiciones escondidas al sublimarse energías hacia la producción en paz.

Tenemos que hacer de la democracia una herramienta flexible que no se estanca en el tiempo. Todo a base de lo que el hombre ES: Una mezcla cinética de colectivismo e individualismo, NUNCA a base de lo que alguien quisiera que fuera. Es conocido también que los pueblos sobretodo los pueblos pobres, aunque a veces no sepan lo que quieren, SIEMPRE saben lo que NO quieren. También es conocido que el incentivo es la mejor arma para el desarrollo. Lo que nos ha sucedido la mar de las veces, es que por tratar de curar ciertos males hemos creado "medicinas" que matan más que curan.

El Estado no debiera ser Administrador, sino tener la tendencia siempre a ser Fiscal Contratista de Subcontratistas de todas las actividades de Progreso.

1) Los subcontratos se harían a base de licitaciones públicas de sobre cerrado. Habiendo castigos ejemplares para cualquier malandanza en estos procesos.

2) La verdadera y mayor labor del Estado es la de ser Representante de los intereses del pueblo y velar fielmente por éste.

3) Cualquier relación entre un individuo y la comunidad deberá ser considerado un privilegio y no un deber. Este privilegio lo otorgará el Estado a todo el que lo solicite y llene los prerrequisitos particulares de la Actividad en la

que se desee licencia y pase los exámenes debidos. También esta licencia podrá ser revocada por el Estado en caso de incumplimientos de los deberes y derechos involucrados.

La comercialización de las Acciones Preferenciales, así como las entradas devengadas de los intereses preferentes producidas por las mismas, cuando la Producción aumente a posiciones ideales, a medida que la Producción se incremente, el Gobierno podría eliminar paulatinamente los Impuestos sobre la Renta y otros. Como resultante paulatinamente los costos de Gobierno serían cubiertos por auto deuda sugerida.

El Estado al entrar como dueño de Pasivos (por medio de la Bolsa de Valores) en cualquier actividad que así lo desee se convierte en partícipe de la Producción sin entrar en los malos arreglos llamados "economías mixtas". Los productos de la riqueza generada por el Estado además de suplantar a los impuestos deberán ser repartidos entre todos los trabajadores; por tiempo, no por sueldo o posición; así se crea la mejor forma de hacer a éstos verdaderos partícipes de la producción; sin demagogias ni falsas promesas y Códigos fachadistas que no son más que explotaciones adicionales.

Es sumamente importante observar que antes de llegar los países pobres a su producción de "Despegue", TIENEN que tener la cooperación de los países más avanzados. Estas ayudas no podrían ser otra cosa más que las deudas que ya se contraen existentes, con los mecanismos diferentes a que nos referimos aquí para producir bienes y servicios para exportar o cambiar de rubro en las cuentas por recibir del Activo del país desarrollado; actualmente ya están funcionando y no le cuestan al hombre de la calle del país rico pagador de impuestos, sino más bien enriquecen por la actividad que las produjo. Deben ser, eso sí, para la CONVENIENCIA de todos, mejor encauzadas en este sentido ya que sin ésta condición está de más proseguir. La justificación de esta orientación es que para el futuro se redundará en riquezas contaminantes productivas en ambientes de Paz.

Todas las sugerencias tienen que ser cinéticas. Nunca estáticas, siendo siempre refrendadas por "dios pueblo". En muchas de las sugerencias concurrentes quizás se notará que no tienen aparentes consolidaciones en su totalidad. La intención de esto ha sido doble: Primero el instar en el lector la solidez del contexto y las orientaciones básicas y segundo, lo relativo de los métodos de implementación de los mismos. La implementación se debe de considerar como quizás uno de tantos caminos para plasmar un punto sólido y definido; pero debe de estar siempre sujeta al cinetismo de su efectividad y refrendación popular perenne, a base no de búsquedas y aplicación de innumerables incógnitas, sino del probado sistema de "controles y ajustes" aplicable a personas y sistemas (checks and balances). Esto da mayores incentivos y retos a las mentes creativas partiendo de lo básico.

En esta tierra es mentira que se encuentra el cielo. Lo que si queremos es una atmósfera tranquila para buscarlo.

La sorpresa agradable va a ser el tiempo corto en el que se van a realizar las recuperaciones. El fenómeno de la actividad económica positiva ya se ha observado en los momentos espontáneos de intensidad aún en proyectos malos. Quizás valga la pena repetir que así como la inflación y la miseria son de deceleración en espiral negativa, también la Producción con la Esperanza son de aceleración en espiral positiva.

El único espíritu que me ha guiado es el de la creatividad humilde y constructiva. Para progresar se tiene que dar pasos materiales hacia el Infinito. Aunque nunca se llegue hay que darlos. Lo que más se desea es que los pueblos pobres dejen de ser cada vez más pobres. Para lograr esto tiene que producirse en Paz. Ya no tenemos más tiempo para posponer. O nos destruimos o producimos en Paz. Que las Fuerzas del Bien nos guíen en esta decisión impostergable.

III.- EL HOMBRE HA ACTUADO O POR AMOR O POR MIEDO

La idea de escribir lo que esta a continuación me vino como inspiración espontánea. Mi padre me enseñó desde niño que no se debe de hablar de un problema a menos que se proponga primero su solución, por disparatada que esta parezca al principio. En vez de decir, por ejemplo "este río no se puede cruzar por ser tan torrentoso" se debe de decir "con un buen puente este río puede ser cruzado". Con esta clase de disciplina mental y subconsciente, no estoy contento hasta no buscar y encontrar una solución a cada problema que se me presente. Otro principio que conviene usar es aquel que dice que todos los problemas grandes tienen soluciones sencillas. Es el hombre quien se complica con sus sabihondeces.

Este libro no esta dirigido a los mediocres que se creen sabios. Esta dirigido a los pueblos sencillos y a las personas que sobresalen de entre ellos; estos, a veces son llamados genios y aunque los necios digan lo contrario, son gente sumamente sencilla. Mis ídolos son de estas personas sencillas: Jesucristo, Einstein, Marx, Mahatma Gandhi, Martin L. King, etc., y dos a quienes tuve la honra de tratar, Víctor Raúl Haya de la Torre (político peruano, fundador del APRA; nació en 1895 y murió en 1979) y Juscelino Kubitschek (Presidente de Brasil, 1956-1961). La teoría de la Relatividad, decía Einstein, es el Hidrógeno de la sencillez, a los hombres les parece complicada con tantos reflejos y trabas mentales que se han impuesto.

Aquí no se van a encontrar palabras rimbombantes ni a presentar teorías exóticas con fines ulteriores, sino a leer las soluciones que sugiero a los problemas que tiene el hombre.

Lo que aquí se va a leer ha sido escrito con la mejor buena y humilde voluntad que pueda existir. Si el lector momentáneamente no comprende alguna idea o palabra que ponga sus manos en el texto y respire profundo; al exhalar despacio con deseo vehemente se dará cuenta como le llega la orientación deseada. A veces es sumamente difícil poner en sílabas que se pueden medir pensamientos intangibles, como quien arma un juguete leyendo instrucciones. En cambio las comunicaciones de las almas, aunque sean sin palabras, son más completas. Ya vendrá el tiempo, y vamos caminando hacia él, en el que el hombre tendrá mejor comunicación y los medios que usará pueda que no sean necesariamente palabras. Algo más o menos parecido a las miradas con que se hablan profundamente dos seres que se aman. Cuando podamos dominar la mente, ésta hará maravillas que aun no nos imaginamos con el cerebro.

Como todos los animales en su afán de sobrevivir y conservarse, el hombre ha actuado unas veces por amor y otras por temor. Ante situaciones críticas en su desarrollo se ha sometido por miedo muchas veces o por decisión voluntaria y libre en otras. En la historia de la civilización no existen líneas demarcatorias en cero tiempo; más bien los cambios, como en la ley de los promedios, son entremezclados. Sin embargo se pueden observar en estos cambios, tendencias en formas bien definidas a través del tiempo; desgraciadamente para muchos éste es casi siempre mayor que una generación.

Vemos por ejemplo como los cambios por amor van siempre paralelos con el progreso.

En épocas inmemoriales se imponía la ley del más fuerte; los saqueos, las matanzas y las guerras, justas o no justas fueron en un tiempo casi la única manera de formar naciones. El sometimiento, la invasión, la esclavitud y las ciudades quemadas con sus consecuentes raptos y todas las demás violencias estaban a la orden del día.

A medida que la lanza se convertía en arado, que el gruñido se convertía en sonrisa y que el apretón de manos era garantía que uno no empujaba a otro al abismo, el hombre ha tenido explosiones de paz y amor. Estas le han llevado a cambios más estables para su bienestar. Con esto no quiero decir que la violencia ha sido o será totalmente eliminada; más bien hemos observado que la paz con determinación ha llevado al hombre con pasos agigantados hacia esa búsqueda infinita de un algo que, quiérase o no, lo distingue de los demás animales. Si creemos en este principio de esperanza, que se perfila cada vez más como una realidad política positiva, ¡debemos alinearnos con la paz!

Si en cambio creemos que la única forma que el hombre cambie es por la fuerza —aunque fuese para su propio mal entendido bien—; si creemos que solo los imperios, con dominios paternales o por la fuerza; si creemos que solo las colonizaciones, las inquisiciones y los saqueos romanos -aunque después se construyan bellos acueductos-, si creemos que al hombre se le tiene que obligar en los nefastos para mientras para luego mejorarlo... mejor ni sigamos leyendo estos escritos.

A un caballo se le puede llevar al río, pero no se le puede obligar a beber.

Los cambios por amor son verdaderamente más estables, duraderos y mucho más sólidos.

Estos son hechos pragmáticos e innegables. No sigamos leyendo si no creemos en los Cristos, en los Budas, en **Martin Luther King**, en **Lech Walesa** (nació en 1943, líder obrero polaco, filántropo y activista de los Derechos Humanos; fue presidente de Polonia de 1990 a 1995, fundador de SOLIDARIDAD) y en una India inspirada por un Gandhi. Basados en este amor y paz negociada en la que sin pisar derechos del prójimo se pueda hablar y dejar hablar es que tenemos que seguir leyendo. Aquí vamos a probar que la búsqueda tranquila del bienestar, aun en los países más pobres, se puede encontrar en formas mucho más rápidas de lo que estamos programados a creer y que la riqueza verdadera está al alcance de todos siempre y cuando haya buena voluntad, lo cual está dentro de nuestro albedrío. Esta buena voluntad debe de ser resultado del convencimiento, aun de los egoístas miopes, probando además con hechos fehacientes que estas circunstancias le son convenientes a TODOS para sus propios fines de supervivencia y mejoría.

Las realidades tienen formas muy duras de hacerse sentir. Véase en la vida los éxodos en masa de los supuestos paraísos; véanse las deudas impagables de los países pobres manipulados del tercer mundo (en formas exóticas solo supuestamente conocidas por minorías -locales o extranjeras-). Véase en la vida que se puede mal estancar temporalmente un río con las consecuentes sangrientas inundaciones y aludes de violencias sociológicas, creándose situaciones peores que las anteriores cuando se rompen los diques.

Si el manipuleo redunda en mejoramiento para el que no tiene SIN explotaciones del hombre por el hombre, pues en buena hora. Más bien alentemos al inventor de un mejor velocípedo.

Pero si este manipuleo significa la explotación de toda una masa, por olvidada que parezca, la circunstancia resultaría en la creación de una situación que no debe de ser tolerada bajo ningún punto, pues atenta contra la supervivencia del hombre.

Estas son las situaciones y circunstancias por las que estamos pasando. Es a esta clase de manipuleo al que me refiero. Es el conocimiento no diseminado aplicado por una minoría que redunda en la explotación y la pobreza para otros. Esto es lo que sucede con las grandes potencias y sus llamados intereses. Es esta circunstancia la que debemos denunciar; pero no como un gritón en busca de justicia ciega y unilateral, sino como un buen expositor convincente que debe de convencer voluntariamente a esas mismas minorías manipuladoras que no les son CONVENIENTES estas circunstancias, por todos los fenómenos conocidos negativos para todos que conllevan.

Como un ejemplo palpable, nadie nunca podrá negar las invasiones migratorias casi inatajables, de los países pobres hacia los más ricos, con sus consecuentes nuevas enfermedades, crímenes derivados de la desesperación y la miseria, cargas sociales, etc.

IV.- LA GRAN META DEL HOMBRE: QUE CONTINUE EN EL PLANETA TIERRA

Todos los actos que cometemos tienen intensidad y dirección. En una forma auto explicativa se consideran actos buenos los que sean de la tendencia o coadyuven a que el hombre permanezca en el planeta tierra y actos malos los contrarios a que se llegue a este fin.

Esta debe de ser la meta ulterior del hombre: QUE HOMO SAPIENS PERMANEZCA EN EL PLANETA TIERRA, como especie, ya que al continuar como especie es obvio que también permanezca como individuo. Sin embargo hacer hincapié en esta precedencia es de suma importancia, como lo veremos más adelante.

De este principio se pueden deducir todas las morales, pues en forma directa o indirecta, todos nuestros actos inciden en esta meta ulterior. Aplíquense las morales y las reglas que se deseen; al final se llega a esta conclusión. Lo malo es fuerza restante para que el hombre permanezca aquí; esto puede ser en formas sumamente indirectas, pero reales. Al revés, todo lo bueno son actos para en la misma forma directa o indirecta, sumar positivamente para que el hombre siga aquí.

Póngase cualquier ejemplo de cualquier acto, aplíquese éste análisis y se observará la solidez de este principio. Y nada de esto contradice a las morales.

Para que existan seres que se merezcan el infinito en general tienen que comportarse bien en lo finito. Esta "comportada bien" es la que vibra en afonía con los actos buenos a que nos referíamos antes. Por esto es ridículo, por más de pseudo intelectual que cualquier buscador se la quiera dar, que al hombre se le quiera despojar de su religión en la búsqueda de soluciones.

Ya todas las búsquedas y soluciones contempladas desde los griegos hasta nuestros tiempos, están siendo cada vez mas planteadas con amor y con negociaciones en Paz. Aún las mezcladas como los sufrimientos mal llamados temporales de la mayoría de los postulados del marxismo leninismo han probado su ineficiencia como todo aquello que se le quiere imponer al hombre a la fuerza.

Esto no implica la negación a la sed de búsquedas, lo que sí es una verdad que todo lo que se quiere imponer al hombre contra su voluntad tiende a la desaparición de éste. Nunca desechemos todas las ideas. Castiguemos si es necesario a los expositores de ellas cuando nos las quieren imponer por las penurias y sufrimientos que les han significado sus caprichos a los pueblos, y hasta como malversadores de la cosa pública, pero nunca desechemos TODAS las ideas. Tratemos más bien con amor de usar todo lo positivo que a lo mejor lo malo que tenía lo expuesto era solamente que se le que quería imponer a la fuerza.

Observemos y si se quiere miremos un tanto hacia atrás. ¿Qué queda de todos los intentos forzados y sugerencias de cambios? Además de las huellas negativas de dolor y sufrimientos de los pueblos, solo permanecen con el hombre en la tierra, aquellas en forma dinámica llevadas a cabo a través del Amor y que tiendan hacia la Paz. El hecho que no siempre se encuentre la solución no justifica la negativa a su búsqueda. Por el contrario hay que buscar soluciones con mayor ahínco, y la única forma que se pueden llevar a cabo los cambios que urgentemente necesitamos para que el Hombre permanezca relativamente tranquilo como especie en el planeta, es por medio la Paz. La violencia solo trae más violencias.

V.- LA BUENA COMUNICACIÓN ES BÁSICA

Básicamente, como todo lo que forma el Universo, somos comparativamente muy pequeños. Pareciera que éste es una continua secuencia que viene desde lo más ínfimo aproximándose al cero, hasta lo quizás infinitamente grande. Un solo Todo permanente y cinético formado por secuencias continuas: ¿Singularities--- quarks---> átomos---> moléculas---> compuestos---> materia---> tejidos---> individuos---> familias ---> naciones ---> planetas ---> sistemas solares ----> galaxias---> universo(s) --->? Y como la mesura o tamaño es completamente relativa en el espacio sin tiempo, probablemente también estos últimos son ínfimos que en forma perenne siguen la secuencia **ad infinitum**.

Lo que nos atañe a nosotros es que somos individuos formados por tejidos que a la vez formamos familias y naciones. Se ha observado cierta independencia dependiente entre algunas células y tejidos que son parte del individuo; como si hace varios millones de años hubiesen sido individuos que formaran parte de una colonia. Estudiemos a las abejas (para mí siendo animales. están más evolucionadas que el hombre); con una sola madre o paridera ya la colmena es casi un individuo, a pesar que sus partes, los insectos/abejas, son individuos. Otra colectividad que no se sabe si va más adelante o más atrás es un tipo de Medusa... A éste algunos ya no lo califican algunos como un solo animal, sino como una colectividad ordenada de varios animales o individuos.

Consideremos también al hombre como lo es en esta etapa del universo; con una sola gran especificación que creemos lo diferencia de las demás criaturas: Puede tomar decisiones, planificar su futuro y utilizar al gran cerebro para diseñar formas cinéticas de comunicación entre los hombres mismos. En otras palabras es el hombre quien tiene que tomar la decisión, ya perentoria de querer seguir en la caminata hacia el infinito en que está involucrado, o de desaparecer sin pena ni gloria. Como el árbol que cae en el desierto... ¿Hace ruido o no?... ¡El hombre en su caminata al Infinito tiene tantas perentorias que confrontar!

¿Pero cuál es ese valladar negativo que tiende a que las relaciones humanas sean menos que perfectas? ¿De qué proviene la desconfianza? ¿Cuál es la gran causa de la violencia, las guerras, las muertes? ¿Por qué es que, sobre todo en estos tiempos, gran parte de los hombres cree que la violencia es un mal menor inevitable para su defensa, para su permanencia y para su supervivencia?

La razón del miedo, de la incomprensión y desconfianza es la mar de las veces la falta de una mejor comunicación entre los hombres.

Seremos varias veces repetitivos al expresar que quizás el hecho que existan distintas formas de conjugar resultados para males menores y que existan diferentes puntos de vista para resolver problemas, constituye más bien una situación que hace que la vida sea un reto interesante. ¿Entonces por que se recurre tanto a la sangre, a la sumisión y a otros detrimentos?

La razón del miedo, de la incomprensión y desconfianza es la mayoría de las veces la falta de una mejor comunicación entre los hombres.

Y más que nada entre sus dirigentes. Los pueblos solos, tienen formas de amor de comunicarse entre sí que constituyen casi un misterio sociológico.

Para la creación de un sistema bueno de búsqueda hacia la supervivencia tiene que tomarse en cuenta esta falta de comunicación como un hecho pragmático. Se tiene que enfatizar esta circunstancia, tomándola como una peculiaridad negativa actual que existe y a la cual hay que buscarle soluciones. El progreso significa pasos materiales hacia el infinito. Aunque nunca se llegue tenemos que caminar para progresar. Ya notamos éste progreso en esta época, al haber mucho más comunicación en las negociaciones. Por esto también vemos que ya la mayoría de las decisiones no son producto de una sola mente sino de un equipo de mentes, muchas de las cuales tuvieron que hacer uso de la buena comunicación en paz para negociar e intercambiar ideas, para llegar a una conclusión feliz, aceptable y recomendable.

Los hechos tienen formas muy duras de hacerse sentir. La historia nos ha enseñado los males que ha sufrido la humanidad por las voluntades fuertes unipersonales. Frescas están las heridas que nos han causado y nos siguen causando estas mentes enfermas que no admiten comunicación. Parecerá duro, pero es más duro lo otro, pero yo estoy de acuerdo que a un borracho no se le debe de esconder la botella sino buscarle un método de convencimiento para que el voluntariamente no la tome, y el tiene que estar en conocimiento pleno de los resultados de sus decisiones. Se le podrá llamar a esta comunicación educación, pero llámesele como se le llame el que hace las decisiones tiene que tener conocimiento de causa de todos los factores incidentes.

En el caso de las decisiones de los pueblos se logran mejores conocimientos a través de la buena comunicación. Ya es sabido que se puede prestar a abusos; todos y cada uno de los crímenes cometidos en contra de la buena comunicación debe de ser tratado como tal, sin miramientos. El abuso de la buena y necesaria comunicación es simplemente un crimen más. Es como al borracho a quien no se le debe de esconder la botella; él tendrá el albedrío de continuar las 24 horas de abstinencia o de buscar su muerte por medio del alcohol. Un mal menor necesario. Los automóviles y los cuchillos de cocina matan, pero no se les debe eliminar porque son necesarios.

Como la mayoría de las discusiones e intercambios ahora se hacen a través de negociaciones entre cuerpos colegiados, están surgiendo escuelas ahora con métodos "científicos" de negociar: No soltar prenda al principio, no ceder en nada sin obtener algo, interpretaciones de lenguajes mudos, etc. Es interesante sí anotar que todas estas sofisticaciones, aunque algunas varíen en su metodología, todas están de acuerdo en algo común: Una negociación no es buena si todas las partes no creen que han ganado algo. Esto tiene el gran significado de admitir que nadie es dueño de la verdad; más que nada que ya el hombre cree que al fin existe la gran posibilidad de vivir sin matar y con más tranquilidad. Que ya se pueden generalizar cada vez más las soluciones basadas más en el amor que en el temor.

Contrario a lo que muchos piensan el hombre es un animal de paz. Si en su historia tuvo que matar por hambre al tratar de convertirse de herbívoro en carnívoro también recordemos que creó la sonrisa y el apretón de manos y convirtió la lanza en arado.

Observemos a los pueblos de las supuestas potencias que se sospechan entre sí. El hombre de las calles y los campos cuando no está en las miserias de hambre, enfermedades y destrucción es el mismo acogedor en todas partes. Son los dirigentes los que casi siempre por falta de buena comunicación los usan como carne de cañón. Los que más sufren en estas circunstancias son los niños que se traumatizan haciendo de éste mecanismo un círculo vicioso. Este es otro axioma que tenemos que tener en mente al proyectar un sistema de búsqueda de soluciones. Contamos con una mayoría de seres traumatizados por la miseria, las enfermedades y la pobreza. Aun con todos estos factores negativos se pueden lograr orientaciones positivas en menores tiempos de lo que estamos programados a creer.

Necesitamos de buena comunicación para la creación de un sistema nuevo.

La palabra escrita o hablada es un deseo no completo del hombre de transmitir en sílabas tangibles, ideas y orientaciones intangibles. Algunos hacen paralelos con la poesía y la prosa y entre la Biblia y un manual de instrucciones para armar un mueble. Las buenas vibraciones existen así como también existe la comunicación de las miradas; o como dice la revista "Life", una fotografía habla más que mil palabras. Cada vez más estamos controlando o ahondando más si se quiere, en formas de llegar a lo más profundo de la mente. Ya los demagogos lo han hecho y "científicamente" ha existido y existen los lavados de cerebro negativos. Pues bien, aprovechémonos con mayor ahínco de esta metodología pero en forma positiva, para destraumatizar a los adultos del tercer mundo para educarlos, para devolverles la fe y para darles una mente que esté abierta a estas nuevas soluciones. Se puede. Hurgo a los especialistas en la materia de la diseminación para que ayuden en esta tarea buena. Sería un medio indiferente para un fin bueno y un reto positivo para probarse a sí mismos. Ya por medio de la electrónica, el hombre se está comunicando mundialmente en formas que no nos imaginamos hace apenas unos años.

La comunicación hasta ahora no ha sido asequible a todos por igual; por el momento la controlan los dueños de los medios. Se espera que estos, como con todo lo que tiene relación del individuo con la comunidad, deban de hacer uso de ella como si fueran verdaderos representantes de la comunidad, no miembros de minorías dueños de periódicos o radio o televisión o cualquiera que sea el medio que sea. La verdad no ha sido ésta, sino que se convierten en diosecitos al igual que cualquier comandante de pueblo de nuestros malos ejércitos, administradores de poder; muchas veces por no decir la mayoría de las veces anteceden sus intereses personales a lo sacrosanto que debe ser el administrar el pensamiento público. Lo malo está que tenemos, por el momento que escoger entre males; este mal es menor que el mal mayor de la ley del bozal, o sea la del control de la comunicación por el Estado. Pero como se expresó con anterioridad, progreso significa caminar hacia el infinito; la meta es la libertad de expresión de todos los individuos de la comunidad, no la de ciertas minorías dueñas de medios. Si alguien encontrara una solución, o búsqueda de solución mejor que la que tenemos, estaría haciéndole uno de los mejores bienes a la humanidad: Que la difusión del Pensamiento fuera asequible a todos, no solo a minorías que hasta se convierten en necesarias a la hora de comunicarse con el pueblo, sin caer en el mal del control del Estado como mal mayor.

Talvez ésta pueda estar en una mayor cuidadosa estimación como todo lo que atañe a las relaciones del individuo con la sociedad, con Licencias y Exámenes como lo requiere por ejemplo el manejar un automóvil en una vía pública. Definitivamente los dueños de medios de comunicación ejercen en nuestros tiempos un excesivo y hasta abusivo poder que atenta contra el buen vivir de una sociedad que desea el bien general.

La comunicación como todo lo bueno, ha sido y será abusada por sentimientos bastardos. Esta circunstancia no debe de anular la decisión real que la comunicación masiva bien orientada debe de ser usada para bien de los pueblos. Los abusos deberán ser tratados como cualquier crimen; debidamente sancionados sin contemplaciones para que no se vuelvan a cometer. Al no sancionar cualquier crimen con bisos de piedad, contra quien se atenta es contra el pueblo y es a éste al que hay que tenerle piedad.

Gran parte de los males que agobian a *homo sapiens* se deben a la muy mala comunicación existente. Muchos insisten que TODOS los males son debidos a la mala comunicación. Lo notamos a diario; en las reuniones sociales y discusiones en general, en los debates públicos, en los anuncios, en todos los medios, en todos los pleitos y hasta en las mismas conversaciones sin importancia. Al otro lado del polo argumentario, algunos sostienen que si la comunicación fuese perfecta el mundo sería aburrido pues no habría diferencias de opiniones, que no son otra cosa que diferentes medios para un mismo fin.

La comunicación perfecta aunque existan quienes la creamos aburrida es la meta que deseamos. Definitivamente no es de este mundo. Ya dijimos anteriormente que en el valle, Progreso son los pasos materiales hacia el Infinito; hay que caminarlos aunque nunca se llegue. Alcanzamos distancias adelante y dejamos pasos hacia atrás. Lo mismo sucede con la comunicación. Lo que nos atañe en este tratado es presentar mejores búsquedas en todo.

La comunicación está en todas las actividades. Debe ser bien usada y resguardarse cuidadosamente de su mal uso. Lo más difícil de este acometido es poder distinguir en lo intangible y sutil lo que es buen uso de lo que es mal uso. Si no existiera el tiempo, distintivo de esta dimensión, no existieran problemas pues con el tiempo nos daríamos buena cuenta de lo que va o no va hacia la meta ulterior del hombre. Por el momento solo nos podemos atrever a hacer proyecciones basadas en lo que creemos sea experiencia histórica. Estas, en lo económico como en todos los aconteceres mundanos, no son más que adivinanzas bien intencionadas.

Al Estado le toca tener BIEN informada a la ciudadanía de todos los negocios públicos por su propio bien. Cada día se descubren más y mejores formas de llegar a las mentes. En forma macro, el Estado deberá usar de todas las metodologías modernas constructivas posibles, para llegar a las masas en formas positivas.

No debiéramos de confundir toda comunicación con Periodismo. Gracias al periodismo, con sus pros y sus contras, es que el hombre está bastante informado de los aconteceres que pueden o no ser de su incumbencia. En el devenir "pegosteado" en que hemos estado funcionando, la noticia es importante si se vende. Esto en la mar de las veces apela a los sentires bajos del hombre. Los resultados, que es lo que nos importa, son que a veces las noticias no son presentadas en formas constructivas, sino que al revés, al apelar a estas destructivas pasiones con el único objeto de ser vendibles, están orientadas hacia la destrucción del hombre mismo.   La Libertad de Expresión es un pilar básico del desarrollo constructivo.

Lo malo está en tener conciencia culpable y miedo a los medios. Estos nunca deberán de abusar de la verdadera sana razón del fin del periodismo mismo: Informar en forma constructiva. No existen razones porqué no se pueda adornar la noticia en las formas adecuadas para hacerla más vendible. Hasta lo que llaman "amarillo". Lo que no es para el bien de la comunidad es mentir, tergiversar y orientar con determinadas miras egoístas.

La Comunicación ideal y más deseada es la inmediata de los pueblos hacia sus líderes. Lo ideal en una democracia pura que no puede existir en este mundo, sería que ésta siempre sea la expresión del bienestar de los pueblos y por lo tanto su deseo. Aunque lo anterior sea quimérico, ésta tiene que ser la meta.

Es por esto mismo que el periodismo, al igual que cualquier relación del individuo con el Estado, TIENE QUE SER REGULADO por Licencias adecuadas. La razón es bien básica, el Estado representa al Pueblo y por lo tanto su interés es mayor que las ganancias temporales contables de cualquier empresa. Esta situación por supuesto que nunca se deberá prestar a abusos y pretextos para atropellar la libertad de Expresión. Como expreso adelante, el Periodismo se caracteriza por la triste realidad de tener que escoger entre dos males, lejos de la meta ulterior: La Ley de la Mordaza, o sea el control de los medios por el Estado, o el otro mal que es el control de la libre expresión por los DUEÑOS de los medios. De los dos males, pienso que el último es el menor. Pero la realidad es que ninguno de los dos es la verdadera Libertad de Expresión del individuo. Quizás en un futuro no muy lejano se pueda acercar más a esto por los avances de la electrónica y lleguen a existir canales (ejemplo tipo de la Internet), que fuesen accesibles al pueblo, para que el individuo o el hombre común, pueda ejercer su Libertad de Expresión, (respetando siempre todos los derechos prioritarios), sin controles ni del Estado, ni de los dueños de medios.

La forma de regular ésta, será igual a cualquier otra. A base de Licencias después de pasar exámenes mínimos requeridos, y de aceptar, de nuevo al igual que TODAS las relaciones de los individuos con el Estado, y respetar los deberes y privilegios obtenidos. Estas serán las mismas metodológicas que para obtener una Licencia de Manejar automóviles o de vender Bienes y Raíces. Simplemente tienen que ver y regular las relaciones positivas del individuo con la Comunidad.

VI.- LAS BUENAS RELIGIONES NO CONTRADICEN A LAS SOLUCIONES

El hecho que el hombre cree en el más allá, es un algo pragmático y real. No lo podemos negar, esta allí como parte substancial de homo sapiens y se tiene que contar con esta situación y conjugar como un factor más en la ecuación de búsquedas para poder llegar a conclusiones reales y no nos demos con la piedra en los dientes al proponer soluciones basadas en falacias e irrealidades.

Ninguna búsqueda, o solución propuesta podrá nunca pronunciarse partiendo de un vector innegable que las religiones no existan ni deben de existir.

Ya se ha tratado en la historia, y en formas agotadoras, de prescindir de lo espiritual y religioso en el hombre con los resultados harto observados. Pareciera que al querer eliminar a las religiones, como paradoja, estas más bien proliferan; aunque tengan que pasar penurias temporales: Catacumbas, persecuciones, inquisiciones y regadas de sangre multiplicadora. Ya ni hay que esgrimir argumentos en pro o en contra; los hechos pragmáticos ya han probado las realidades en formas fehacientes y más elocuentes y por lo tanto convincentes, que miles de palabras en miles de escritos y desgalilladas temporalmente con carisma, que muchos dañinos y pasajeros megalómanos dictadores.

Por más que algunos pseudo científicos proclamen y adecuen a las religiones con la superstición y otras cosas nefastas más, la religión es permanente en el hombre. Por atrasada que se le llame a una tribu, sus miembros bailan alrededor de un fuego, usan taparrabos y desean estar en gracia con las fuerzas del Bien, de lo incomprendido, y le temen además a las fuerzas del mal, también del más allá.

Yo no me explico, a no ser que este fenómeno se deba a alguna ceguera psicopática básica, como existan seudo sabios y seudo cultos dadores de soluciones, que hagan enormes diferencias entre lo que llaman material y lo espiritual. Están simplemente descartando algo básico del hombre. Por lo tanto como ya se observa, las resultantes de estas premisas falsas también tienen que necesariamente ser falsas. Una premisa usada es que muchas veces se identifiquen a lo espiritual y religioso con la administración humana de las religiones.

Por otra parte, en un chauvinismo desmedido se identificó a las religiones con la mujer y lo femenino. Como la mujer por lo general es más espiritual que el hombre (Por naturaleza es más fuerte, pues pare y al poder resistir más sufrimientos que el hombre, está más relacionada con los sentimientos superiores del alma; por esto es que a veces es abusada por el hombre), ella, a pesar de algunas malas administraciones humanas de la misma, insistía en su religión, a veces hasta a escondidas. Por ello es que muchos hombres hipócritamente hasta llegaron a identificar a las religiones con el fanatismo, la ignorancia y la superstición, y en general con todo lo que se identificaba con la mujer o lo afeminado. Esto no es más que un chauvinismo falso, que cuidado raya en la falta de verdadera masculinidad. La mujer cada vez más está probando su independencia y rebeldía a este sistema machista desproporcionado. También se está reconociendo que los mal llamados "opios de los pueblos" siguen vivos y nunca se les podrá desechar ni dejar de tomar en cuenta. Estos son parte contundente del hombre como hombre. ¿Quién es el sabio que me diga a ciencia cierta donde termina el "aquí" y donde comienza el "más allá"? Las nuevas teorías del Quantum suponen que la materia en sí no existe, que todos somos partículas eléctricas ínfimas que vibran en diferentes ondas de tiempo. Simplemente digamos que no sabemos lo suficiente.

El hombre cree, y no sabemos por qué, que existe algo más que lo que tocamos. Ya nos vamos a dar cuenta que la llamada demarcación entre lo espiritual y lo material es nada mas una invención; que Todo es un Todo y lo mismo. Y finalmente que nuestra sumamente limitada y todavía más ignorantemente osada imaginación ha tratado de dar excusas a la ignorancia, cuando en realidad no las necesitamos si solamente realizamos con humildad grande que hoy sabemos menos que mañana y apenas un poquito más que ayer. Pero la verdad sigue siendo que la distancia es infinita entre lo poco que sabemos, por más que a diario se incremente, y el Todo.

VII.- TRAUMAS SOCIOLÓGICOS HEREDADOS

Como explicamos antes en la secuencia de individuo a comunidad o sociedad, ésta, cuando todavía no es considerada en la evolución universal como individuo, es decir a pesar que no se ajuste a nuestra definición de individuo, reacciona como tal. Está sujeta a traumas, y a reflejos condicionados como los perros de Pavlov. Estos se nos han programado y se nos filtran como líquido siroposo a través de los siglos y las generaciones. Como todos los reflejos condicionados, han sido resultados creados por condiciones negativas que atentaron contra la sociedad como una reacción hacia la supervivencia de la misma. Para que se imponga la verdad la sociedad tiene que ser tratada al igual que cualquier paciente/individuo, por varias metodologías; la más importante de ellas es el **estar consciente que dichos traumas existen** y que deseamos curarnos de todo lo negativo en la misma búsqueda de la verdad para nuestro propio bienestar y con las mismas ansias. Las demás curas vendrán con la mejor comunicación masiva y serán más fáciles de implementar. Seguidamente vamos a comentar sobre algunos de estos traumas o mensajes negativos heredados:

Existe entre muchos desheredados y maltratados por variadas circunstancias (las mismas que aquí tratamos de corregir) una especie de antipatía hacia la riqueza y hacia quien la detentara y aun más hacia quien la ostentara. A pesar que este sentimiento negativo es una realidad resultante a veces de injusticias; la riqueza en sí debe ser más bien deseable y debieran de estar las oportunidades al alcance de todos en vez de ser objeto de envidias y de odios acomplejados.

Al demasiado rico le llegaremos a tener más bien pena, pues vive una vida falsa, llena de inseguridades y no es ni siquiera timonel de su propio barco. Los hechos demuestran estas circunstancias y se lee a diario en las noticias. Lo que se desea es riqueza que nivele las inseguridades económicas, y esta riqueza si es deseable. En un tiempo para ser lo que se llamaba rico se tenía que casi exclusivamente engañar, robar y hasta matar. Al constatar que la verdadera riqueza esta alcanzable tenemos que desearla y alcanzarla y gozar de ella. El hecho que el promedio de nuestra sociedad esté ahora mejor que antes demuestra que somos más ricos que en la Edad de Piedra, por ejemplo y esto no significa que hay que cometer crímenes para ello. La sociedad debe de castigar todos los crímenes cometidos contra ella y nunca ningún robo, engaño o asesinato debe de pasar impune, no importa con que fin se haya cometido dicho crimen. Ahora cualquiera va a poder aspirar y llegar a ser rico si produce movimiento económico en paz.

Muchos creen en el principio que en el "cuarto de arriba" (room at the TOP, como le decían a la gente pudiente en Inglaterra), solo alcanzan unos cuantos. Esta falacia deriva de la teoría falsa del patrón oro. El oro era el símbolo de la riqueza, y éste sí tiene dimensión. La riqueza al revés, es hasta contagiosa. (Al igual que la pobreza.)

De este tipo de prejuicio es que se derivan los otros nefastos como el celo y la envidia para evitar las escaladas de posiciones. La verdad es que el "cuarto de arriba" no se satura. Tiene espacio ilimitado para todo aquel que desee y trabaje, sobre todo con las nuevas metodologías como las expuestas más adelante; por el contrario, existen efectos multiplicadores positivos que más bien alientan las intensidades positivas de la riqueza diseminada. Ya se ha observado que por modesto que sea un pueblo se está ahora mejor que antes. Esto significa que hay más riqueza por dimensión; y esto a pesar de las fuerzas negativas traumáticas de gente pequeña con la mentalidad del perro del hortelano. De más está el tratar de negar las circunstancias descritas; cuando nos desarraiguemos de estos reflejos sociológicos condicionados.

Muchos dirigentes del Tercer Mundo, al igual que en muchos pueblos llamados ricos, sufren de un complejo que no es de odio, sino de un como "convencimiento de inferioridad" y han llegado quien sabe a base de que ignorantes deducciones a creer que los pueblos del tercer mundo son como irredentos y por naturaleza inferiores e ineficientes; tienen el complejo de "mendigos adaptados", y que el país pobre tiene que vivir de las dadivas y/o préstamos o "ayudas" de los países ricos. La verdad es que las pocas veces que un país regala a otro es en alguna emergencia o desastre. Aun en estos casos no son los gobiernos los desprendidos sino los pueblos, la mar de las veces por medio de colectas, maratones y otros actos generosos. De manera que las mismas llamadas "ayudas" de país a país tenemos que examinarlas con lupa. La regla dura humana es la misma: Nadie regala nada sin obtener o prevenir algo. Los llamados "Préstamos Blandos" casi siempre están amarrados a actividades que enriquecen al otorgante, como veremos adelante. Acordémonos que toda actividad económica productiva enriquece. La actividad ya enriqueció al otorgante y el dinero que la produjo es deuda interna. Esto no significa que no hay positividad en el acto; por el contrario puede hasta llegar a ser creador de mayor actividad y riqueza en el país receptor. Lo normal es que el que produzca actividad económica se enriquezca. Lo malo está es que se proyecten y diseminen estos hechos como caridades; muchos gobiernos engañan, sobre todo a sus mismos pueblos, dándoles visas de tales.

Otra creencia falsa es el convencimiento que a los países ricos les conviene que existan países pobres. Aunque parezca paradoja un país, al igual que un individuo, se enriquece mas ayudando a enriquecer a otro. Este pensamiento negativo está generalizado con odio y resentimiento en los países subdesarrollados y con un sentido idiota de conservatismo falso en muchos dirigentes y de desprecio ignorante también en algunas minorías ignotas en los países industrializados. En el continente americano y en varias partes del resto del mundo notamos las enormes oleadas humanas incontenibles de pobres "invadiendo" mejores horizontes y tratando de saturar oportunidades en países más ricos. Al revés, sucede que cuando un país subdesarrollado es un invitante reto; se verá, como ya lo ha experimentado la historia, a los espíritus de pioneros jóvenes educados de países desarrollados creando comodidades imitables, buscando oportunidades donde aplicar sus conocimientos, enriquecerse ellos y enriquecer a todo el ambiente económico local que se agiliza en forma positiva con esta circunstancia.

Es una creencia es que la educación es privilegio de unos cuantos. Es cierto que muchas disciplinas educativas eran solo para los que las podían pagar. Si bien también es cierto, que esto tiende a desaparecer, lo está haciendo a una velocidad desconcertantemente despaciosa. Ningún cambio jamás se podrá jactar de llenar las necesidades de los pueblos si no contempla la democratización de la educación para todo aquel que la desee y esté dispuesto a aceptar sus responsabilidades. Primero debemos de estar claros que el disponer de conocimientos no solo se logra a través de instituciones educativas sino también de ambientes, consejos, ejemplos y experiencias. Un campesino puede tener mucho más conocimientos o educación, en muchas disciplinas del campo que un citadino ahora llamado rico. Nadie nunca se debe de sentir completamente ignorante. Mucho menos altaneramente creer que porque alguien atendió varias clases se debe de comportar como un atorrante sabelotodo. El mundo camina a pasos agigantados a que quien quiera que tenga fe en su futuro podrá tener el aprendizaje que desee. Vamos hacia eso a velocidades increíbles y aunque nadie se debe de sentir más que nadie, con mucha mayor razón nadie se debe de sentir menos que nadie. Esto es porque sencillamente NADIE es menos que nadie.

La meta debe ser que la educación básica sea gratuita y disponible para todos. Y que la educación superior sea un proyecto voluntario cuya rentabilidad es más alta que su costo, y que por lo tanto esté disponible para todo aquella persona que esté dispuesta a aceptar la responsabilidad libre de su asunción.

La creencia que la única forma de ser rico es venir de familia rica y heredar, ya está en buena hora siendo desfasada, casualmente ahora que estamos siendo testigos y hasta participes de tanto cambio en el mundo y que muchas teorías zalameras se han ido al trasto. Podremos también constatar que muchos llamados de clase "alta", perderán sus riquezas heredadas si no producen movimiento económico y trabajan. También se verán a los que producen llenarse de riqueza y bienestar acompañándoles los consabidos factores multiplicadores, aun no "viniendo de familias ricas".

De todas maneras nos debemos de cuidar cuando se nos enfrenten consabidas premisas que no son otra cosa que los traumas sociológicos heredados a los que me refiero. Muchas de ellas son resultados de costumbres amañadas que justamente queremos salir de esas situaciones, pero a veces por tenerlas enfrente y hasta haber nacido con ellas las aceptamos en forma natural, cuando en verdad son resultados de falsedades e injusticias heredadas que no tienen razón de ser si lo que buscamos es mejorar nuestro *modus vivendi*. Estas premisas tenemos que conocerlas y estar conscientes de ellas, para deshacernos de ellas.

VIII.- SAQUEO, TRUEQUE, MONEDA

Al entrar homo sapiens a las penumbras del desarrollo, también desarrolló varias actividades como medidas para sobrevivir y continuar en el planeta tierra. Mató, robó, invadió y se defendió para poder comer, vestirse y tener un techo. Su dieta que en un tiempo fue herbívora y casi gratis se convirtió paulatinamente y por circunstancias en carnívora y de raíces. Tenía que cazar y matar mamíferos y aves y que buscar y desenterrar raíces. De un vegetariano pacífico se estaba convirtiendo paulatinamente para sobrevivir en un carnívoro de rapiña. (Nunca llegamos a ser carnívoros completos, estamos clasificados como los osos, de omnívoros).Todo esto implicaba trabajo. Descubrió después que podía domesticar ciertos animales y cultivar ciertas plantas. Todos ellos con los cuidados y el trabajo necesario le proveían gran parte de sus necesidades. Por muchas otras circunstancias las invasiones, robos y saqueos para obtener bienes no producidos por él, fueron siendo sustituidos por el mercadeo o intercambio de bienes.

Después, por comodidad sobre todo para aquél que solo producía cueros y carne y por ejemplo necesitaba naranjas y manzanas, las cuales solo eran producidas en otras regiones amigas, se buscó y encontró un intercambio que en muchos países fue un metal brillante y pesado llamado oro. (En muchas de nuestras tribus de los Andes, sobretodo en la parte central, el oro no era nada más que lo que es, un metal brillante y pesado que solo sirve para adorno y para ser guardado, y se usó como moneda el cacao, el cual por tener valor energético alimenticio y poderse comer casi imposibilitaba la inflación). El intercambio había cumplido con su acometido pues ya nuestro productor de cueros y carnes pesadas y descomponibles en vez de andar de sitio en sitio buscando trueques viajaba más liviano llevando oro consigo, lo que además le abrió otras oportunidades para manipular su situación. Así nació el sistema monetario del patrón oro, que tanta comodidad le trajo al mundo pero que además ha sido usado y sigue siendo usado, en formas nefastas como herramienta de explotación -de nuevo, con buena o con mala intención- por los que la conocen y manipulan mejor en contra de las masas pobres.

Cuando se vio al oro convertido de un metal de adorno bonito y brillante al símbolo de la riqueza surgió el primer escollo. Ese metal como intercambio adquirió más demanda para éste uso que como adorno o joya para lucir; la ley de la oferta y demanda dice que cuando algo más se desea, éste se pone más difícil de obtener (caro) en un mercado libre. Solución acomodaticia y mala que se dio: Prohibido al particular acuñarlo y hasta usarlo como intercambio sin estar refrendado por el "dios estado"; se le puso un precio forzado y se le estatizó o socializó a nivel mundial (semántica). ¿Qué significó esto? Manipuleo de unos menos en detrimento de otros más. Todavía y por mayor comodidad se inventó el papel moneda, con sus consecuentes mayores manipuleos y gnomos secretos. Lo mismo se puede decir en proporcional escala a los otros metales livianos que se usaron en vez de los preciosos. En un tiempo el valor "cara" podía ser redimida por su equivalencia en oro. -Siempre un enredo menor lleva a mas enredos mayores, así como la mentira que para respaldarla el mentiroso tiene que mentir más en formas cualitativas y cuantitativas. -Hasta que llego un día en el que alguien destapó la farsa - los caracteres del teatro no importan, los hechos son los que valen-, acumuló gran cantidad de papel moneda y exigió su intercambio en oro tal cual el mismo leía. Había suficiente para esa demanda, pero nunca para respaldar todo el papel moneda que estaba en circulante. Se pagó en oro guardado el equivalente de ese papel moneda solicitada, pero dejo de aparecer en el papel moneda la leyenda legal que podía ser redimido en oro.

¿Y el panorama? Veámoslo: Al usarse el famoso patrón oro se crearon situaciones confusas que en efecto llegaron a identificar a la riqueza con el engaño, la explotación, la maldad, el egoísmo y sobre todo con el manipuleo creador de intereses bastardos, que todavía son conocidos y usados por minorías gobernantes, que no solo están reticentes a cambios, sino quieren, digo que por ignorancia, a que prosiga este "status quo" por pensar que es lo más conveniente. ¡Es a estos a los que hay que convencer!

Y es que LA RIQUEZA NO LA CONSTITUYE LA ACUMULACION como se cree, ni es ESTÁTICA. La verdadera riqueza la constituye una serie de factores interrelacionados independientes y únicos. Es una mezcla de movimiento económico, producción, esperanza y tranquilidad. El ahorro y la acumulación aunque estén erradamente identificados con la riqueza en forma exclusivista, son apenas INDICES ESTÁTICOS DE SU EXISTENCIA pero nunca la producen. Por esto es que la riqueza no necesita de CAPITAL (llámesele en este caso ahorro privado) PARA NACER. Esta falacia ha sido creada por el sistema monetario y es la que estamos viviendo. Este concepto es el que tenemos que enfocar usando a la moneda solo como medio, NUNCA COMO FIN. La verdadera riqueza solamente la crea la **producción** en forma exclusiva, con los factores positivos acompañantes y necesarios arriba mencionados. Ruego al lector que relea este párrafo y lo digiera pues contiene el MEOLLO de la parte económica de este mensaje.

Hubo un economista que se acercó bastante a este concepto, quizás me explican algunos, exagerando un poco la parte movimiento económico, al que trató que formara parte de los activos de un balance. Este visionario se llamó **Sir John Maynard Keynes**.

El creía sin embargo que el empleo generalizado administrado por el Estado era la forma más deseable para obtener movimiento económico; en lo que yo estoy en total desacuerdo, pues considero al Estado como el peor administrador. Él fue quien aconsejó a **Franklin D. Roosevelt** para salir de la Depresión que se embarcara en el proyecto del Valle del Tennessee (Sin los muchos estudios económicos que tanto están de moda hoy día). El principio es que cualquier proyecto que produjera movimiento económico y que su rentabilidad fuese positiva (productibilidad más alta que su costo, integrada a través del tiempo de vida del proyecto mismo), estaba justificado a llevarse a cabo. Ciertamente que producir electricidad convertida de la energía de caídas de agua embalsada es uno de estos, además de la rentabilidad de la actividad económica producida por las industrias satélites y sus consecuentes factores multiplicadores.

¿Y cómo se hacía esto sin arcas? A base de llevar una contabilidad que es la deuda. Actualmente al concepto negativo de "deuda" se le asocia con obligación de pagar, con escarnio, con cárcel, con pobreza etc., cuando en verdad si la llamada deuda está contabilizada y contraída en proyectos sólidos y de producción yo le llamaría deuda BUENA. (Al revés en proyectos de consumo o suntuarios). Y perfectamente puede ser permanente si ese activo más bien produce más activos (riqueza o ganancias). Me recuerda un titular de prensa cuando el suscrito era gerente de un Banco de Desarrollo, que todavía no sé si era ignorante o malévolo "INFONAC continúa aumentando sus Pasivos"; los activos generados por esos pasivos que aumentaron fueron tales que durante mi administración fue la única vez en su historia que esa Institución ¡tuvo ganancias contables!

Sucede como dije anteriormente, que el pobre público está programado a identificar a los pasivos contables como deuda que hay que pagar, porque si no alguien lo mete preso a uno o lo demanda; muchos mezclan en una forma ignorante o maliciosa todas las deudas, las destructivas y las constructivas, y dan ese "caretazo" negativo: Que el hombre cada vez se endeuda mas. La verdad es que es hasta conveniente que el hombre cada vez se endeude mas SIEMPRE Y CUANDO paralelamente se ENRIQUEZCA también todavía más. (Ya sabemos el verdadero concepto de la riqueza).

Lo malo está que uno se enriquezca y otro se endeude y encima todavía pague. ¡Esto es peor, me decía Kubitschek, que cuando los marinos invadieron su país!

Si la deuda es generada por actividades permanentes de producción y movimiento económico, esta es sumamente conveniente. Por el contrario si responde a actividades no de tiempo duradero ni productivas. Estas deudas se pueden dar el lujo de contraer, si están balanceadas por sobrantes de riqueza producidos por movimientos económicos más permanentes; de lo contrario se entra en el barreno de efectos multiplicadores negativos de la inflación incontrolable. Ejemplo de esto sería el del país rico y productivo que imprime dinero para adquirir alimentos para mitigar hambres o colmar otras necesidades producidas por una catástrofe, y el del país pobre o esclavo que imprime la misma deuda con el mismo fin, pero con resultados inflacionarios.

Los sobrantes de riqueza a que me refiero en el anterior párrafo pueden ser pasados, presentes y hasta FUTUROS. Pero para que esta riqueza futura pueda ser usada es menester de algo básico e intangible: La fe y la esperanza que solamente da la PAZ. Aquí está el meollo del endeudamiento y por lo tanto del progreso.

Es a base de estos conceptos que se debe de proponer soluciones al hombre, tirando al trasto toda una serie de programaciones negativas y proyectos de soluciones que ya han probado su ineficacia por ser resultado de odios y resentimientos. Nada que se construya a base de posponer, de odios, rencores, violencias y guerras puede durar. Ya lo ha visto la historia y los hechos pragmáticos lo confirman a diario. Solo la paz trae progreso y por lo tanto riqueza. Este es un mensaje básico de lo aquí escrito.

Al ser la riqueza resultado de lo anteriormente dicho es deducible que esta está al alcance de cualquier persona o país que la desee y busque en la forma y ambiente debido y conveniente. Las transiciones tienen que hacerse en paz y sin rencores, aún aquellas que fuesen heredados por fallidas anteriores soluciones impuestas o sugeridas. Esto es una especie de cuerda floja que con amor se baila fácilmente. Hay que pensar más en las generaciones venideras y en las buenas búsquedas que en vengar entuertos personales. Se puede si verdaderamente se desea.

Otra sugerencia de Keynes a Roosevelt para salir de la Depresión fue que pusiera a cuadrillas a hacer fosas o zanjas y a otras a rellenarlas. Creo que no se ha podido cuantificar esta actividad económica no productiva. La disyuntiva está en que si se este endeudamiento produjo riqueza y movimiento económico per se o si lo produjo por el hecho que habían ambientes de esperanza en paz. Yo creo lo último. Podemos observar como esta clase de actividades colectivas nunca detienen la inflación en pueblos esclavos -ejemplo: Cortes de caña en Cuba-. Nunca se cuantificó esta actividad como se cuantificaron los endeudamientos a base de proyectos cuya rentabilidad fuese mayor que su costo. Pero se hizo y hay que recordar si, que fue llevada a cabo paralelamente con otras actividades positivas de proyectos "productivos" que aún las mentes programadas podían cuantificar y hasta "científicamente" justificar. Sin lugar a dudas que estas actividades producen efectos multiplicadores positivos. Lo que sí habría que recalcar es que estas solo funcionan mejor si van además acompañadas de otras actividades productivas en ambientes de Paz.

Yo sugiero que no se entre en complicaciones de querer sintetizar en fórmulas simples y planificar con incógnitas limitadas lo que suele ser producto de factores desconocidos en número, intensidad y dirección. Es como querer computar las funciones de las neuronas del cerebro y todo su complicado y enorme laberinto resultante de millones de años de ajustes evolutivos y hasta probablemente creativos. Lo que yo propongo en este texto es que se usen como parámetros los resultados mediatos. Los padres de la patria y el mismo sistema norteamericano dieron con una metodología que funciona: La de "checks and balances", que podría traducirse al español como "control y ajustes". El Estado además de crear cuerpos que se fiscalizan entre sí, traza metas que tienen y deben siempre ser la conveniencia de los pueblos, deja que el sistema funcione solo y relativamente libre y como tiene a su disposición factores que lo controlan, los aplica a medida que se observan resultados y direcciones probables de manera que las metas de fondo sean los norte de las orientaciones, dependiendo de los resultados mediatos.

Un buen reto para los que se dedican a estas actividades está en plasmar un programa electrónico para computadoras tomando en cuenta estos factores. Lo interesante es que este mismo programa será siempre objeto de mejoras y correcciones ya que también estará sujeto al "control y ajustes" para su misma buena andanza.

Hay cosas pragmáticas que nunca hay que perder de vista, éstos son a saber; Primero, Las conclusiones son búsquedas, no encuentros, y segundo, los resultados de cualquier operación siempre son **aproximaciones dentro de lo relativo**; la exactitud solo se encuentra en lo absoluto, nunca en este mundo dimensional en que vivimos. Basado en esas premisas es que estoy proponiendo solucionas. Observemos un Balance cualquiera. Para que nunca exista inflación, los Pasivos siempre debieran de ir acompañados de los suficientes activos. Como explicaré adelante, estos muchas veces **son intangibles**. El buen buscador de soluciones tangibiliza, aunque sea mentalmente y aproximadamente, estos Activos intangibles. Activos intangibles como La Paz, La Tranquilidad, La Esperanza, un "trade mark" o nombre como Pepsi—Cola, el movimiento económico y efectos multiplicadores, etc., etc. Estos Activos intangibles, siempre deberán ser mayores que los Pasivos que los generaron, (Deuda Interna). Como al ser intangibles son por lo tanto al tangibilizarlos, aproximaciones y estimaciones; aquí es donde funciona el principio de "control y ajustes". Para evitar la inflación a veces se apela a otros manipuleos para fomentar la Producción (que tanto la necesitan los países del Tercer mundo) como el control de los intereses del Estado (EE.UU.), para producir además efectos multiplicadores, entre otros activos, como un ejemplo. Este manipuleo "bueno" lo usan las naciones industrializadas cuando lo consideran necesario, hasta para financiar las llamadas "guerras justas".

Lo importante es realizar que lo anterior se puede lograr sin necesidad de entrar en ínfimos detalles. Tengo entendido que nuestro buen Sir John Maynard Keynes trató de tangibilizarlo en una fórmula para que luego debiese ser incorporada a los Activos del Balance, la velocidad de intercambio, como un ejemplo. Cuando la verdad es que (y esto con el perdón de los señores contadores que se estimen exactos) la llamada por algunos ciencia contable es de lo más aproximada e inexacta. Aún bajo los parámetros de la actual mesura programada negativa, es axioma aquello de que nunca se debieran de comparar dos sumas de dineros a menos que sean "exactamente" del mismo tiempo. En la contabilidad eso es justamente lo que se tiene y contabiliza; cifras y sumas en Balances, P & G's, proyecciones, etc., casi todas de distintos tiempos. Esto no quiere decir que la Contabilidad no sea conveniente, por el contrario, es necesaria, sino que demuestra simplemente que no es exacta sino aproximada y estimativa, como todo en el mundo. Las soluciones son búsquedas y no encuentros.

Esta clase de actitud es la que se debe de tener en mente al proponer soluciones. La nueva página económica que se pretenda escribir se debe de caracterizar por su flexibilidad y adaptación para el logro de sus metas.

Ya todas las búsquedas y soluciones contempladas desde los griegos hasta nuestros tiempos, están siendo cada vez más planteadas con amor, con Paz y negociaciones. Aún las mezcladas como los sufrimientos mal llamados temporales de muchos postulados del marxismo/leninismo, han probado en parte su ineficacia; sobretodo todos aquellos que se quieren imponer a la fuerza. Esto no quiere decir que todas las búsquedas no sean buenas, sino que algunos, en su afán de remediar entuertos tratan de imponer sus soluciones en formas absolutas y totalitarias. Castiguemos si es necesario a los injustos como pésimos expositores de ideas y como peores administradores de las inquietudes y sufrimientos de los pobres pueblos y algunos hasta como malversadores de la cosa pública, pero nunca desechemos todas las ideas. Hay que tener siempre en cuenta que de todo siempre se puede sacar algo bueno; aún muchos de los que hoy llamamos males son resultados bastardos de deseos de superar injusticias y explotaciones. Por lo tanto no desechemos ninguna solución sugerida por el hecho que no funcionó en su totalidad. Tratemos más bien con mano firme y con amor, de usar lo bueno de lo que tengamos a mano en forma universal.

Observemos y si se quiere miremos un poco hacia atrás por un momento. ¿Qué queda de todos los intentos y sugerencias de cambio? Además de las huellas negativas y hondas de dolor y sufrimiento de los pueblos, solo permanecen, y en forma dinámica y cambiante todas aquellas llevadas a cabo por amor y que tiendan hacia una paz.

¡Cómo debiéramos comprender más la palabra Paz en este valle de lágrimas! Se debe de observar y definitivamente buscar. El hecho que no siempre se encuentre no justifica la negativa a su búsqueda. Porque solo con Paz, perdón y amor se pueden llevar a cabo los cambios que urgentemente necesitamos.

El hombre en su progreso ha pasado por muchas etapas. Desde saqueo a intercambio como de herbívoro a omnívoro. Todo ello también significa que tiene que a veces corregir y enderezar derroteros, como con la moneda. Lo malo está que se aísle a los pueblos pobres de éstos progresos positivos correctivos. Lo anterior no conviene a nadie. Estos entuertos tienen que ser corregidos a la brevedad posible y para el bien de todos, sobre todo para los pueblos pobres y todo esto redundaría en una mejor y equitativa distribución de la riqueza.

IX.- DE LOS PRINCIPIOS BASICOS

PARA CREAR BÚSQUEDAS ADECUADAS DEBEMOS DE PARTIR DE PRINCIPIOS RECONOCIDOS. RECORDEMOS QUE LAS DIVISIONES ENTRE SENTIMIENTOS Y PRINCIPIOS NO SON MARCADAS NI ENGAVETADAS, COMO NADA LO ES EN EL UNIVERSO. TODOS LOS PRINCIPIOS ESTAN INTERRELACIONADOS EN LO ABSOLUTO. ESTA LISTA ESTÁ LEJOS DE SER COMPLETA, COMO TAMPOCO NADA LO ES; TIENDE A SER MAS BIEN ILUSTRATIVA. LA COMPLETURA ESTÁ EN NUESTRAS MENTES Y EN NUESTROS DESEOS. LO IMPORTANTE ES LA REALIZACIÓN Y CONCIENTIZACIÓN QUE TODO LO QUE SE LOGRA DEBE DE PARTIR DE PRICIPIOS SÓLIDOS QUE REPRESENTEN NUESTRAS CREENCIAS.

PRINCIPIOS BÁSICOS

En esta disertación, como en todo lo que se desee sea ordenado para no entrar en diatribas vanas, tenemos que ponernos de acuerdo en las bases sobre las cuales podemos proyectar un edificio, y con las cuales, como es obvio, tenemos que estar de acuerdo para seguir leyendo; ya que si no es así, demás está pensar que también estaremos de acuerdo en las conclusiones o deducciones que se puedan derivar de las observaciones aquí expuestas. Esta lista está lejos de ser completa, pero le puede dar al lector una idea sobre el pensamiento del que escribe.

Algunas parecerán sumamente obvias, como la de que todos los hombres nacemos iguales. Aunque parezca mentira este concepto en un tiempo no fue tan aceptado pues era común creer que unos hombres venían al mundo con mayores ventajas y dominios que otros de sus semejantes; en otras palabras la explotación del hombre por el hombre estaba permitida por derecho de nacimiento. Todavía se practica esta aberración en algunas partes del mundo, pero abiertamente y moralmente el principio ya esta desfasado.

En cambio cuando decimos que los pueblos siempre saben lo que NO quieren, este concepto es más bien en general suplantado por la base sobre la cual giran las democracias, que es el mismo expresado en forma positiva, pero falsa: Que los pueblos saben lo que quieren. Aquí sostengo que aunque los pueblos a veces no sepan lo que quieren, SIEMPRE saben lo que NO quieren; lo anterior tiene que aplicarse si se quiere mejorar la democracia. Por supuesto que con sus correspondientes implementaciones y reglamentaciones.

En lo de acto es de medio y fin y de los males el menor solo está el aceptar el andamiaje del acto y al reconocer que las diferentes interpretaciones de los mismos debemos tomarlas como una orientación constructiva y positiva de diálogo, pero nunca justificar de principio cualquier medio para un fin determinado, ni agotar las búsquedas de los males menores.

Las conveniencias de todos los encauzamientos, así como los incentivos de los actos son para mí imprescindibles en todos los quehaceres de la raza humana.

En cuanto al irrespeto absurdo que se da a los derechos humanos, se podrían escribir tomos en las formas como son violados. Es para ponerse a tristemente meditar observar como en muchos sitios del orbe, y muchas veces con el aplauso cobarde y acomplejado de muchos gobiernos que se tildan de civilizados, se pisotean, El Derecho a la Reunión, el Derecho a la Propiedad que nos distingue de los animales, el Derecho a religión, el Derecho a la Expresión, etc.

Que no se quejen los que endosan estas andanzas deleznables cuando sus otros derechos sean también pisoteados por las consecuencias, ya que toda acción tiene su correspondiente reacción y estas son sociológicas. Y los que pagan son los niños con hambre, nuestros nietos. Vale la pena una completa introspección de *Homo Sapiens,* ricos y pobres si de veras se quiere mejorar su situación, que medite seriamente sobre el respeto que se merecen los Principios sobre los cuales se pueden sentar soluciones para hacer menos tenso nuestro tránsito por la tierra.

He aquí estos Principios Básicos como el suscrito los interpreta:

1.-Todos los hombres nacemos iguales.

2.-Es de Primordial importancia el Respeto a TODOS los Derechos Humanos inalienables del Hombre.

3.-Ninguna solución es permanente.

4.-El Acto de descompone en Medio y Fin.

5.-Cuando se tenga que escoger entre males se debe optar por lo que se crea ser el mal menor.

6.-Aunque los pueblos no siempre sepan lo que quieren, siempre saben lo que NO quieren.

7.-La Paz es el ambiente propicio y permanente para que el Hombre progrese.

8.-Cualquier solución que se proponga debe ser basada en lo que el Hombre Es (No.11) y nunca en lo que alguien quisiera que fuera.

9.-El Hombre funciona a base de Incentivos.

10.-El caudillismo, y por ende el militarismo que lo produce, o lo impone o lo protege como base de decisiones omnímodas, debe ser reemplazado por la tomada de decisiones derivadas cada vez más en consensos colegiados.

11.-El hombre es una mezcla cambiante de individualismo y colectivismo.

12.-El derecho de la Comunidad precede al derecho del Individuo.

13.-Todos los cambios deben ser Convenientes.

A continuación pasamos a revisar someramente cada uno de los aquí expuestos:

1. TODOS LOS HOMBRES NACEMOS IGUALES

Antes de la Revolución Francesa, era creencia que los nobles al nacer de selecciones de sangres, tenían cualidades innatas que los hacía superior y distinguía de los demás.

En nuestra América, como en Europa y en todas las monarquías del mundo, el pasar el mando de padre a hijo, estaba basado en que los que detentaban el poder eran gente especial por don de nacimiento. En otras palabras era una osadía pensar que todos los hombres nacíamos iguales.

Como expresamos antes los cambios en la historia no vienen en épocas demarcadas en tiempo cero, sino en brotes con tendencias notables; algunos sociológicamente con mayor intensidad que los demás, la mayor parte de ellos tomando, para tristeza de algunos, más que una generación de tiempo. Lo mismo ha sucedido con este concepto. Ya en la misma Europa se habían notado gritos revolucionarios que detentaban esta inquietud antes de la Revolución Francesa. Sin embargo con todos los defectos humanos que conllevan las roturas de diques de aguas estancadas, a ésta se le considera un momento crucial histórico en las ansiedades sociales. Aún en los Estados Unidos de América, que fue el verdadero plasmador de la Revolución Francesa; y en cuya Constitución está incorporado éste Principio como Básico, tuvo que venir una guerra civil, y aún mucho después un Martin Luther

King y Derechos Humanos para hacer sentir este hecho que tiene todavía brotes mínimas de resabios, contra los cuales las mentes positivas tienen que adversar.

Por supuesto que los hombres al crecer adquirimos diferentes *modus vivendis* y *modus operandis*, haciéndonos que nos diferenciemos los unos de los otros. Lo contrario sería éste un "no mundo" sumamente aburrido. Pero los cambios que hacen que los individuos se diferencien entre sí son influencias del libre albedrío y muchas veces injustamente por los ambientes negativos, generalmente de hambre y de miserias; pero nunca por razones de cuna y por lo tanto razas o apellidos. Esto ya es un hecho harto demostrado. Las mismas "noblezas nuevas" como les llaman algunos despectivos necios de "noblezas viejas", han sido comenzadas por gente sin cuna, ruda y del campo. Como la fueron TODAS.

Lo que se trata de eliminar es que después del nacimiento, existan ambientes privilegiados o ambientes de miseria negativos y que ambos atenten contra algo que debe ser bastión y punto de partida para todas las mejoras y búsquedas del hombre: Todos por igual tenemos el derecho innegable a las mismas oportunidades, porque todos los hombres nacemos iguales.

2. DERECHOS SAGRADOS DEL HOMBRE

Creemos firmemente que los derechos básicos sagrados del hombre deben ser siempre respetados. Estos Derechos por ser innatos e inalienables, no están a sujetos a mayorías ni mucho menos a caprichos individuales atorrantes. Por esto son SAGRADOS:

A.- Derecho a la Vida

B.- Derecho a la Libertad

C.- Derecho a la Igualdad

D.- Derecho a la Búsqueda de la Felicidad

E.- Derecho a la Propiedad

F.- Derecho a la Religión

G.- Derecho a la Expresión y Elección constante

H.- Derecho a la Movilidad

I.- Derecho a la Reunión

J.- Derecho a la Paz.-

Aunque es un axioma innegable que un Derecho termina donde comienza el otro, estos Derechos nunca debieran de estar en yuxtaposición. Cuando se crea que un caso así sucede, obsérvese bien y se podrá notar que alguno de ellos está siendo abusado y el otro está siendo atropellado. Lo que se desea es la armonía, que en sí es la Paz; cuando no existe ésta no existe nada, y todas las palabrerías no son más que otra de las tantas farsas a que se está desgraciadamente acostumbrando el hombre.

Estúdiese cualquier sistema o régimen en el mundo y analícese si cada uno de estos Derechos están siendo respetados. Si uno o más de ellos está siendo pisoteado, por el mal menor que se pretexte, ese régimen o sistema no es de Derecho y por lo tanto nunca será de Paz, y por lo tanto también atenta contra el deseo básico del hombre, que es la continuación saludable, armónica y de respeto mutuo con amor, de la especie *Homo Sapiens* en el planeta Tierra.

En una dictadura, ya sea de derecha o mal llamada de izquierda, la gran mayoría de estos derechos son pisoteados y atropellados. Entre los principales están el Derecho a la Vida, el Derecho a la libre expresión, el Derecho a la libre circulación. El Derecho a la propiedad privada, entre otros.

En los regímenes comunistas, por definición la propiedad privada es completamente eliminada. ¡Menuda farsa! Gran parte de las veces las propiedades privadas pasan a ser "fifos" de los dirigentes de los comunistas, o para ser usadas con exclusividad por ellos, que es exactamente igual. El pretexto que se usa es que fueron mal habidas y que debieran de devolvérselas al pueblo/estado. La verdad es que el Estado es el peor administrador de cualquier empresa y que el pueblo no recibe nada eficiente sino que se empobrece más, los hechos lo demuestran.

Si existe algo mal habido las nuevas revoluciones debieran de probarlo democráticamente con los deberes y derechos y la buena Ley en la mano (no las acomodaticias, caprichosas, vengativas y esporádicas espontáneas) y entonces sí confiscarlos y subastarlos donde todos tengan iguales oportunidades, en vez de convertirlos arbitrariamente en objetos de satisfacción egoísta para unos cuantos ladrones asesinos mal dirigentes de cúpulas explotadoras. Los hechos han confirmado todo lo aquí expresado.

Considérese dichoso si a Usted lector en su caso no le son violados ni TAN SOLO UNO de estos Derechos, porque los ciudadanos que viven en un país así son dignos de lástima. Un régimen de esta índole se merece el aislamiento, escarnio y desprecio justo de los demás coterráneos.

3.- NINGUNA SOLUCIÓN ES PERMANENTE

En un tiempo la forma más rápida de desplazarse de un sitio a otro fue en una carroza de ocho caballos. Los incas tenían sus corredores de relevo y se decía que podían comer pescado fresco en el Cuzco basados en ellos. La tierra como verdad innegable era plana; el sol giraba alrededor de la tierra; después la tierra giraba alrededor del sol (la verdad -hasta ahora- es que todo gira alrededor de cualquier cosa depende de donde esté uno parado); el éter; los tres elementos básicos; el átomo la partícula más pequeña; las dimensiones del universo...y etc. y etc. Todo se mueve, todo cambia, nada es estático aun en nuestro pequeño mundito.

Lo mismo sucede con cualquier solución dada o sugerida. Es por todo esto que hay que tener humildad grande y consciente en todas nuestras búsquedas. Tenemos que percatarnos que en todo en lo que hoy día creemos como encuentros en nuestras inquietudes finitas, son simples apreciaciones variantes en nuestra caminata hacia el infinito.

Tengamos esto en cuenta con realización creativa. Tengamos siempre en mente que si hoy sabemos más que ayer, siempre sabremos menos que mañana. Por todo lo anterior es que hay que estar consciente, que todas las solucionas sugeridas, las nuestras y cualquier otras, no pueden ni podrán ser estáticas. El hombre en su vida y viaje pasa por circunstancias variables y hay que tomarlas como tales. Gran parte de los cambios hemos visto que de por sí son resultantes de circunstancias especiales de espacio/tiempo que no son necesariamente las normales.

La meta final debe ser siempre la misma: Que el hombre permanezca en el planeta Tierra. Las soluciones que se propongan para obtener esto, tienen que ser conjugadas a base de situaciones evolutivas cambiantes. Nunca estáticas.

Por esto es que las soluciones también tienen que ser cinéticas. En otras palabras: Las soluciones son búsquedas, nunca encuentros.

Muchos errores de los hombres se han derivado de tratar de imponer soluciones de otro tiempo y por lo tanto estáticas, a situaciones y problemas de circunstancias del presente distintas, que al cabo son desfasadas por las mismas variantes de espacio y de los años.

Víctor Raúl Haya de la Torre decía que uno de los mayores problemas de América Latina era que se había convertido en el continente de la copia, copiamos desde "constituciones hasta modos de vestir".

En este sentido los códigos napoleónicos, por geniales que hayan sido, al ser estáticos ya son desfasados por definición. Es estática la meta absoluta, no los medios o "carpintería" como le llaman muchos, y las leyes son "carpinterías" hacia una meta.

Quien crea que sabe resolver todos los problemas de la vida se debe de considerar una entidad deífica. La verdadera forma de resolver problemas está en descubrir los mejores métodos de búsqueda. Estos son y serán siempre metodologías de búsquedas, no de encuentros. Por mucho que se crea que se tienen panaceas.

Este principio debe ser una base real para la sugerencia de un sistema. Todo lo demás ya lo hemos visto: Alguien cree que ya descubrió el néctar de los dioses de sistema; como no todos le siguen y menos le creen, se las agencian él y sus seguidores para imponer y manipular su sistema por los conocidos "para mientras" de violencia, solamente para darse cuenta, cuando ya se creía que todo iba a funcionar -si es que se llega a esa etapa- que gran parte de sus reglas o metodologías ideológicas ya están desfasadas. Fin si se quiere bueno y medio malo, acto malo.

¡Ojo! Esto no quiere decir que todo esté desfasado. Hay que observar que existen planteamientos que sí son metodologías y formas de llevarse a cabo con fines y medios buenos. Estas deben ser cuidadosamente estudiadas. Hay que considerar el hecho que cuando se trató de imponer un sistema, quienes lo promovieron creían que los problemas existentes podían ser solucionados de acuerdo a su sistema, sea éste errado o no.

Nada es estático. Todo cambia. Sobre todo ahora con los aumentos geométricos en población y comunicación. La barbilla, el dedo pequeño del pie y el apéndice tienden a desaparecer como el tercer ojo, para nombrar unos cuantos. Es un hecho que homo sapiens ha evolucionado y sigue evolucionando. Todo lo que no se usa tiende a desaparecer. Las mismas células del cerebro al igual que cualquier músculo, se mejoran o se empeoran según se les ejercite o no.

Este principio es un reto con horizontes que no se ven. Estamos todavía en pañales con respecto a las evoluciones positivas; sobre todo las controlables por el hombre. Nuestro sistema debe de estar basado en estas evoluciones positivas y nunca debe ni puede ser considerado estático.

Aquí queremos dejar sentados: Primero, los sistemas básicos o axiomas sobre los que deben de ser basados en soluciones sugeridas, que tiendan más a lo absoluto; y segundo las sugerencias en espacio/tiempo y por lo tanto variables, sobre lo que creemos deben ser las implementaciones. Estas nunca deben ser tomadas como estáticas. Con deseo vehemente y con buena voluntad todo puede ser más sencillo de lo que se cree. Casi nada es invento nuevo, aunque haya sido en forma desordenada la mayoría de las cosas en principio, ya se han hecho. Lo único nuevo en la vida, como decía Truman, es la historia que no se ha leído.

4.- EL ACTO SE COMPONE DE MEDIO Y FIN

Nuestra cultura descompone al Acto entre Medio y Fin. Este principio es un pilar sobre el cual algunas otras culturas pueden diferir. Tengo entendido que esto lo heredamos del judeo-cristianismo. Simplemente dice que todo acto tiene un medio de llevarlo a cabo y un fin o razón por la cual el acto se lleva a cabo. El medio puede también ser un acto en sí y por lo tanto también contar con su propio medio y fin. Y así sucesivamente.

Para que un acto sea bueno, necesita tener fin y medio buenos, o uno de ellos indiferente. Indiferente es todo aquello que ni resta ni suma para que el hombre continúe en la tierra. Basta que un acto esté manchado de fin o medio malo para que el acto sea malo.

Ejemplos sencillos: Tirar un fiestón para recoger dinero y mitigar el hambre, fin bueno medio indiferente, acto bueno; hacer picadillo de la abuela para la misma mitigada de hambre, fin bueno, medio malo, acto malo; matar para robar, fin malo medio malo, acto malo; visitar a un enfermo para levantarle la moral, fin bueno medio bueno, acto bueno; salvar a un moribundo para que pueda vivir y pagarme una deuda, fin indiferente medio bueno, acto bueno; alimentar a un esclavo para poderlo vender mejor, fin malo medio bueno, acto malo; jugar el mejor partido de golf para ganar una copa, fin indiferente medio indiferente, acto indiferente; etc., etc. Es de notar que de las nueve combinaciones posibles solo hay una (el 11%)

para que el acto sea indiferente, tres (el 33%) para que el acto sea bueno y cinco, (el 56%) ¡para que un acto sea malo!

Existen quienes no creen en este principio, inclusive tildando a quienes lo defienden de hipócritas. ¿Qué mayor ejemplo que las guerras llamadas "justas"? El medio malo, matar y el fin llamémosle bueno, que sea sobrevivir; medio malo fin bueno, debiera de ser acto malo. Con toda candidez sostengo que el principio sigue igual. Que de no haber otra escogencia, no debieran de existir las guerras por de justas que se las quiera rotular. En lo que sí hay que profundizar es en lo "de no haber otra escogencia". El mundo tiene que realizar que casi SIEMPRE hay otra escogencia. Y una escogencia CONVENIENTE. Este convencimiento tiene que venir ya en el mar de las realizaciones premuras: LA PAZ. Si después de concienzudamente (correcto o no, eso es relativo), de agotar las búsquedas se tiene que escoger al mal menor, y si éste es la guerra, pues ni modo. Pero este es un sistema completamente distinto del de simplemente hacer la guerra como medio malo para un fin bueno. Entiéndase bien esta diferencia pues es sumamente básica.

Ningún fin nunca justifica ningún medio destructivo es lo que se deriva de esta lógica sencilla. En esto también se ha pecado mucho por todos los ángulos y por todos los llamados bandos. El hombre ya esta cansado con los "para mientras" de violencias, y tiene que escoger rápido lo que más le conviene para sobrevivir.

Cuando de veras llega la disyuntiva de escoger entre males hay que escoger el mal menor; lo vamos a discutir de seguido. Hay quienes creen que si se hace un análisis exhaustivo de cada situación, nunca habrá que escoger entre males. Todas estas diferencias de opiniones en las búsquedas buenas hacen la parte interesante y estimulante de la vida, que representan un reto a ser alcanzado; incluso que es un fin y que es un medio; todo se puede justificar con argumentos falsos. Hitler justificaba la matanza de los judíos; todos los monstruos justifican y moralizan sobre sus nefastas andanzas.

Yo propongo que se haga dentro de nuestras limitaciones un análisis de cada situación para tratar de nunca llegar a escoger entre males. Ya, si dada nuestras limitaciones no divinas nos topamos en tener que escoger entre males, es nuestro deber por la supervivencia, escoger el mal menor. Matar en defensa propia puede ser tomado como un ejemplo de esta situación. Dejemos sí como principio que de veras hay que agotar las negociaciones y nunca justificar un medio malo por un fin bueno habiendo otras alternativas.

Esto lo hacen descaradamente otras orientaciones y aún algunas religiones que como todas, debieran de estar basadas en el amor, no en el odio y la venganza por justificaciones que se rebusquen, que fallan en esto totalmente, justificando el medio por el fin como principio. Por esto fracasan. Toda ceguera fanática no conlleva a la permanencia del hombre en la tierra.

5.- DE LOS MALES, EL MENOR

En la vida se nos ha dicho, que no siempre tenemos que escoger entre el bien y el mal; esto sería de lo más fácil y apetecible ya que siempre se escogería el bien; sino que generalmente tenemos que escoger entre males. Cuando se presenta este caso nuestro deber está en escoger el "mal menor".

Al someter a pensamiento este principio real sobre el cual debemos partir, nos encontramos con dos situaciones interesantes:

1o.-Existen muchos puristas que exponen que a esta situación nunca se debiera de llegar. Que cuando se cree que solo se puede escoger entre males, esto solo significa que no se ha investigado bien. Que si se agotan las investigaciones de cada acto, siempre habrá un bien alternativo de escogencia, aunque esta situación no se aprecie a primera vista. Según algunos cada caso se debe de analizar y analizar hasta llegar a escoger entre el bien y el mal.

2do.-Habemos los como el suscrito, que creemos que en esta vida, por los mismos factores encajonados que distinguen esta dimensión, por ejemplo el tiempo, hacen que los sucesos no sean tan celestiales en el valle de lágrimas. Tenemos que escoger la mar de las veces entre dos males.

Lo lógico y aconsejable es escoger el mal menor. ¿Y cual sería éste? El que menos daño y menos incida en el logro de la meta ulterior, que el hombre permanezca en el planeta tierra.

Esto aporta a las gamas variables de *modus operandi* de los individuos. Estudiemos rápidamente un ejemplo controversial: El aborto. A simple vista este no es más que un medio malo, matar, y un fin supuestamente bueno, armonía, menos pobreza y sufrimientos, etc. Pero si al matar a un feto se le considera un acto en sí, algunos alegan este es un mal menor, ya que el mal mayor seria dejarlo vivo, —si no hubiese, repito el factor tiempo, distintivo de esta dimensión, (concepción/feto/aborto), tampoco hubiese problema. De esta clase nos encontramos múltiples situaciones: Eutanasia, ceder a demandas de terroristas con secuestrados amenazados, defensa propia, etc.

Existen tal cantidad de argumentos en pro y en contra, que hacen que al entrar en juego este principio nos percatemos de las diferentes opiniones y del respeto que se debe a todas aún no estando de acuerdo con ellas. Cada mente puede pensar diferente en forma bondadosa y llegar conclusiones completamente opuestas.

Para mí esto es una especie de combustible que recibe la vida como reto no aburrido. En vez de tomar posiciones de desdeño, más bien nos debemos preciar que existan otras opiniones distintas, sin que por ello esto signifique necesariamente cambios en nuestras creencias.

Lo más importante es que se tome este principio/axioma, con mucho amor y mente abierta: Que cuando se tenga que escoger entre dos males, se debe de escoger el mal menor, sobretodo habiendo agotado todas las posibilidades para escoger solamente entre el bien y el mal.

6.- AUNQUE LOS PUEBLOS NO SIEMPRE SEPAN LO QUE QUIEREN, SIEMPRE SABEN LO QUE NÓ QUIEREN

Nada es estático. Todo es cinético. Todo cambia y evoluciona. Por lo anterior yo estoy en desacuerdo con cualquier regla o ley del hombre que se tilde de absoluta. (Uno de los muy grandes defectos del Código Napoleónico).

Las soluciones no son encuentros; son búsquedas. En estas búsquedas hay humanismo y aproximación en las aplicaciones; nunca perfección. Lo mismo sucede con la democracia.

Al deseo del hombre de desaparecer los poderes omnímodos de persona o casta que nunca pueden en forma constante ejercer el poder para el bienestar de los pueblos, nació la democracia. **Demos**, poder; **kratos**, pueblo. El poder del pueblo, no de alguien o de grupos. Funciona, lo ha probado con hechos fehacientes la historia.

Pero... ¿funciona siempre?... Nunca funcionará siempre. Mientras estemos en el valle... aquí, no allá.

En su evolución ha pasado y DEBERÁ en todo tiempo pasar por varias etapas. El progreso se caracteriza por los pasos materiales hacia el Infinito. Tenemos que caminarlos aunque en forma absoluta no se llegue, en la búsqueda hacia el Todo. Sigamos caminando pues.

El voto, que también está pasando por su evolución, expresa el concordato delegado de los pueblos. Como gracias a Dios no podemos todos los humanos pensar al unísono, nació la decisión por mayoría; o sea más del 50% de la opinión CONOCIDA (Aproximación). Se deberá someter el que no esté de acuerdo a la supuesta decisión de las mayorías (Otra aproximación que esta funcionando). Ya dejamos atrás las épocas cuando la mujer no podía votar, o cuando un Vicepresidente era quien recibía el segundo número de votos.

Todo esto hace que la Democracia, más que nada sea una DISCIPLINA. Debemos cooperar lo expresado en elecciones libres, y respetar con lo elegido, aunque no estemos de acuerdo con ello y aunque se crea que el sistema vigente no necesariamente re-presente a la "verdadera" mayoría. Para cambiar el sistema si se desea, están los representantes legales en el Congreso, o cualquier otro modo que se diseñe.

Como ya se sabe todas estas aproximaciones son "menos peor" que si miramos atrás y por lo tanto han sido adaptadas y aceptadas por el hombre.

La democracia ideal y pura está basada en que los pueblos siempre saben lo que quieren y que los líderes siempre en todo tiempo siguen directrices de acuerdo a patrones que seguirán siendo los mismos durante el mandato asignado para los cuales fueron electos o nombrados.

Esto sabemos que no es cierto. Que los candidatos engañan o cambian.

También es una realidad que la estamos observando en la mayoría de los pueblos, sobre todo en los del tercer mundo, donde la normal falta de educación cívica hace por ejemplo, que los pueblos aplaudan y suban (aunque después les cueste sangre bajarlos) a individuos carismáticos que hipnotizan audiencias, que a la hora de las verdades solo causan a los pueblos dolores, hambres y miserias.

A todas las complicaciones aproximadas anteriormente descritas agreguemos la conclusión universalmente básica aceptada: Que los pueblos nunca necesariamente saben lo que quieren. En otras palabras cada vez que se ejerce la delegación popular democrática se están tomando como axioma: a) Que el mensaje del voto es correcto o sea que los pueblos saben lo que quieren y b) Que el poder delegado al elegido será el portavoz estático en un mundo cambiante del mensaje para el cual se le eligió.

En lenguaje de béisbol quien sabe que promedio de bateo tendrían estos dos acápites. Me temo que bien bajo.

Sin embargo LA DEMOCRACIA ES BUENA: Tiene la tendencia a que el hombre permanezca en el planeta tierra. En forma positiva TIENE UN BUEN PROMEDIO DE BATEO ya que al contrario de otras soluciones sugeridas a la brava que han sido descartadas, SE LE BUSCA. Y mayormente si miramos hacia atrás. Eso sí: No la consideremos ni estática y ni mucho menos absoluta.

Un hecho si es casi pragmático es que LOS PUEBLOS SIEMPRE SABEN LO QUE NO QUIEREN. Un principio que se basa en el reflejo animal harto conocido que el grito de ¡Ay! sigue a la quemadura o al dolor.

¿Por qué no hemos de adaptar este principio en forma coherente y estructural a los mecanismos de búsqueda hacia la perfecta democracia?

Este "**in negatio**" constructivo es más real que la actual base democrática, que los pueblos saben lo que quieren.

Equivale lo anterior a decir que en vez de esperar a que un mal delegado de la opinión popular sea removido por un golpe de estado, o por un ejército, o por una guerrilla, o por otros "alguien o álguienes o grupos" peor, que éste sea removido por los votos: Poder en cualquier momento BOTAR CON VOTOS.

Yo no me explico como es que el hombre todavía no ha completamente enfocado esta circunstancia hacia esa búsqueda de la perfecta democracia.

Tengo entendido que ya se considera algo de ello en algunas sociedades con los llamados "votos de confianza" y las consiguientes llamadas a elecciones. Pero me parece todo atado todavía a "formas civilizadas de proceder y/o a "decencias voluntarias". Para mí debe ser un factor solución de rigor y de vigor.

Con los avances de la civilización y las nuevas tecnologías electrónicas descubiertas en cada instante estoy seguro que se modernizará y adecuará el proceso electivo democrático. Si no se ha hecho y está desfasado es solamente porque no ha habido ni deseo ni incentivos. Otro reto para los creadores e inventivos del progreso. Se han logrado como dije, mejores avances en otros campos. No existe razón por qué la consulta popular más eficiente no pueda ser uno de estos logros.

Si se esgrime el argumento negativo que muchos avances se prestan a malos manejos, yo reposto con las siguientes consideraciones:

a) Como un ejemplo las transferencias y/o depósitos electrónicos de enormes riquezas no funcionarían como lo hacen, a pesar de las estafas electrónicas y malos manejos.

b) Deberán existir fuertes castigos al cuantificarse los posibles daños que hubiese causado el mal manipuleo de un proceso modernizado. Deberá además ser refrendado internacionalmente. (Las penas deberán ser proporcionales a los crímenes)

c) La periodicidad es inversamente proporcional a los posibles detrimentos. Y aquí habrá seguramente gran periodicidad.

d) La repetitividad misma está en contra de los malos manejos no detectados. Ejemplo: Si alguien sale electo por malos manejos NO DETECTADOS, podría ser removido en cualquier momento (Balance y Ajustes). (Si no lo hace el pueblo es porque éste así lo quiere y entonces... ¡en buena hora!)

Lo importante es el hecho que los pueblos siempre saben lo que NO quieren, aunque no necesariamente sepan lo que quieren. Este es un principio básico con el que hay que contar al proponer mejores soluciones.

A esta espada de Damocles positiva se debe sujetar cualquiera persona que ejerza cualquier función directiva o administrativa de la cosa pública. Sea nombrada o electa.

7.- LA PAZ: EL MEJOR AMBIENTE

Nuestros antepasados, al necesitar de sus semejantes para actuar en forma colectiva se convirtieron en seres sociales. Solo así pudieron saltar los valladares que no lo hubieran hecho en forma sola. Al principio se formaron núcleos entre allegados y/o familias; los clanes. -Entre ellos había relativa paz-, no necesariamente el 100% del tiempo, pero existía la paz como una necesidad de supervivencia. Sin paz interna se destruía el núcleo y sucumbirían en la lucha de la vida. Los que tenían más paz interna triunfaban en la lucha y continuaban en el progreso.

Primero, cuando la tierra era más despoblada los enemigos eran otros animales; después otros clanes. Vinieron seguido los problemas de falta de comunicación ignorante referidos que todavía están en boga. Basados al igual que hoy, en hechos salvajes aislados, estimaba un clan que el otro era competidor, lo que deseaba era destruirle, violar sus mujeres, robarle sus trabajos y quemarle sus chozas o ciudades. En ese ambiente de sospecha y violencia, como todos creían lo mismo, atacaban por defensa, y en formas despiadadas hacían lo mismo que creían iba a hacer el otro. A medida que el hombre progresa, está llegando a la conclusión que, después de todo el otro bando no es tan malo y que aún en lo que unos llaman espacio saturado, hay lugar para otros. Todo esto ya se puede observar en formas palpables. Las negociaciones están a la orden del día. Estamos realizando cada vez más que el tiempo para las disyuntivas progresivamente se achica. O nos portamos bien, o desaparecemos.

En iguales condiciones ya se puede observar que los progresos no son propiedad exclusiva de razas ni de situaciones geográficas sino de situaciones tranquilas de esperanza. Los renacimientos espirituales, como la música, literatura, poesía y pinturas se logran con mucha mayor intensidad en ambientes de paz.

Hay quienes dicen erradamente, que por el contrario, han sido las economías de guerra las que han levantado naciones. Concentrémonos en lo anterior por un momento. Usando la lógica de los maestros griegos "*in negatio*", esto simplemente significarla que la guerra es la mejor situación. ¿Y qué es la guerra sino destrucción? Ahora total o muy cerca de ella.

Las mejoras no permanentes de las economías de guerra solo se deben a dos cosas:

1o.- La creatividad de la actividad económica ordenada y reglamentada.

2do.- A un costo enorme en energía humana: Constricción de libertades; esclavitud; ansiedades por la cercanía de la muerte. Ninguna solución constructiva desea esto pues esto significa la tendencia a la desaparición del hombre al final.

Todo lo anterior lo puede soportar el hombre, pero por un tiempo limitado y nada más. En cambio lo que proponemos aquí es la mayor creación posible de actividad económica, pero en una atmósfera de libertades, de esperanza y de tranquilidad sin ansias de muerte. La paz deseada no es la paz de los sepulcros, sino ambiental más actividades positivas. Esta economía es la deseada para la creación de la riqueza, la búsqueda de la felicidad y la eliminación progresiva de la pobreza con sus consecuentes hambres, enfermedades y explotaciones.

La paz es indispensable para el bienestar del hombre.

8.- LAS SOLUCIONES DEBEN BUSCARSE A BASE DE LO QUE ELHOMBRE ES, NO DE LO QUE ALGUIEN QUISIERA QUE FUERA.

Este principio, que hay que buscar soluciones a base de lo que el hombre es y no de lo que alguien quisiera que fuese, aunque parezca tan obvio y sencillo es quizás el más ignorado por muchos buscadores de soluciones.

El hombre, como se explica adelante, es una mezcla de colectivismo e individualismo y basados en esta premisa es que voy a sugerir soluciones prácticas.

Se ha hablado del hombre nuevo, del verdadero revolucionario y de muchos inventos que sugieren e instan a que el hombre cambie a imagen y semejanza de algún asesino soñador. Por más que resalten caras temporales y aplausos y discursos demagógicos al hombre no le gusta ceder ciertos bienes que los considera puramente suyos; tampoco le gusta matar o exponerse a que lo maten por ideologías que él no comprende; tampoco le gusta sacrificarse sin esperanzas por realizaciones que no ve y que no son de sus ilusiones y muchas otros factores con los que no está voluntariamente de acuerdo. Todos estos factores distintivos, entre varios otros más, que también son únicos del hombre, es que hacen que el hombre sea como es, nunca como alguien quisiera que fuese.

Y estamos siendo testigos a medida que avanzamos en la historia, como todos aquellos sistemas o búsquedas basados en lo que alguien quisiera que el hombre fuera, se han venido abajo. Se ha tenido que recurrir a la violencia y al sometimiento para obligarle a que sea como "debe de ser" (el hombre nuevo, el hombre social, el hombre abeja, etc.,) a imagen de lo que algún soñador megalómano, deseó. Dichos deseos generalmente NO son estables, variando con el tiempo y pecando muchas veces de acomodaticios, lo cual deja mucho que desear en cuanto a su pureza original. Estos sometimientos "para mientras cambia", el pobre pueblo los puede soportar por cierto tiempo, pero no los aguanta por mucho y menos en forma perenne. Las mal llamadas buenas intenciones de nada sirven cuando se atropella o se quieren imponer a la fuerza; medio malo, fin bueno (dando el beneficio de la duda): Acto malo.

Para que una solución planteada sea buena y por lo tanto seguida debe de serle conveniente al hombre. Tiene que partir de lo que el hombre ES, y si el hombre va a cambiar para su mejora éste cambio lo debe de hacer el hombre voluntariamente, y la solución debe de ser lo suficientemente flexible y cinética para paralelamente ajustarse y basar su exponencial sabiendo cuales son las tendencias.

9.- INCENTIVOS: RAZÓN BÁSICA QUE MOTIVA AL HOMBRE.

El hombre como buen animal, funciona a base de incentivos. Esta es una realidad de la vida.

Solo las deidades se sacrifican por lo que creen sin pensar en incentivos. Seamos reales en este concepto. Claro está que lo ideal sería que todos tuviéramos esta divina virtud. Pero la verdad es que si vamos a pensar en soluciones éstas tienen que ser a base del hombre corriente, y éste suficientemente sufre con las normalidades del valle y por lo tanto funciona por convencimiento interno y por recompensas mediatas a sus logros.

Es cierto que al hablar de incentivos, estos en algunos casos pueden ser a plazos más largos, pero siempre incentivos. Los mismos mártires se entregan con amor indefinido a base de éstos; la muerte martirizada les brindaría una vida perfecta en el más allá y reciben la muerte con la alegría del incentivo infinito por recibir.

En la vida económica cotidiana sucede exactamente el mismo fenómeno. El elemento tiempo puede variar pero el hecho es el mismo. Todos los animales amaestrados por el humano hacen proezas y gracias por incentivos. Hasta las fieras, tigres y leones, hacen piruetas y ejercicios que no harían en su ambiente natural, más a base de premios que de castigos. En cuanto más avanzado sea el animal, de acuerdo con nuestros parámetros, más obedece al premio que al castigo. El mejor ejemplo de un animal así es el perro; pues con mucha mayor razón el hombre.

Tomemos lo antes expuesto como una realidad existente que no tiene nada de negativo; más bien debe de ser un factor más y positivo hacia la formulación mayor en la integración de la ecuación de la búsqueda.

Aunque pequemos de repetitivos vamos a decir que un sistema que pretenda o haya pretendido funcionar basado en olvidar esta peculiaridad del hombre fracasará. Ya fracasó y volverá a fracasar. Talvez es por esto que el hombre todavía no es 100% comunitario; exageradamente según yo, mal o bien, inclusive existen quienes llamen al incentivo egoísta. Todas estas razones pueda que sean veraces o no, pero el premio, ganancia o incentivo tiene que ser tomado en cuenta al sugerir una metodología de solución. Nunca a base de un hombre que no funcione por incentivos. Negar esto es volverle la cara a las realidades y tratar de tapar al sol con un dedo.

Los incentivos deben de ser lo más mediatos posibles, es decir en el menor tiempo. El convencimiento voluntario es directamente proporcional al tiempo de realizaciones del incentivo. Al revés de la actividad del cerebro: En cuanto más altas son las vibraciones del cerebro menos puede almacenar/funcionar y viceversa. En cuanto menos influenciado esté por la despierta materia débil, más puede haber convencimiento de mayor tiempo o demora en la obtención de incentivos. Lo mismo con las naciones, pues como el cerebro del individuo, en cuanto más exista la tranquilidad y la paz, todo se logra mejor.

El castigo no es nada más que el incentivo negativo. Hay acciones que causan su correspondiente reacción que deben de ser argumento en el convencimiento. Ejemplo de una reacción sociológica: Las hordas inmigratorias en muchos países desarrollados. ¿Qué acción las ha causado?

La Conveniencia siendo de gama más amplia, esta relacionada con el incentivo, pues éste es una conveniencia a menor plazo y de un ángulo más agudo. No se pueden imponer soluciones a la fuerza. Estas tienen que ser deseables, convenientes y voluntarias. Además deben ser comunicadas en forma eficiente Para estas es imprescindible el Incentivo. El hombre trabaja y tiene dedicación cuando ve que su sudor le redunda en bondades y premios para él y su familia; cuando siente esperanzas y que no es un simple número trabajando para una causa, por buena que se crea que ésta es. Ha habido y hay formas y ejemplos de soluciones en las que el hombre coopera todo el tiempo. Estas formas TIENEN que ser voluntarias y tener incentivo; este podrá ser sublimado, pero siempre incentivo. Se le podrá al hombre obligar por un tiempo definido, se le podrá forzar y presionar para que inclusive diga que le gusta hacer lo que está haciendo (existen muchas formas exóticas de ejercer presiones), pero los hechos van a demostrar la verdad del refrán que dice que no hay mal que dure cien años, ni cuerpo que lo resista. Se van a observar los resultados obvios de poca cooperación, mala calidad, desgane generalizado, etc. y sobretodo miradas tristes, cuando no existe el Incentivo.

Todos los demás, los que crean lo contrario por cuatro o muchos esbirros gritones esgrimiendo argumentos paranoicos y fanáticos, o capitalizando sentimientos negativos como el odio y la envidia, o por lo que sea; se están dando coces contra el aguijón, y lo que es peor se están auto engañando y engañando a los pueblos. El hombre para que siga una metodología o solución debe de creer en ella. Para que crea, ésta le debe de redundar en frutos y verdaderos beneficios, no en promesas y falsos cánticos.

Una forma rápida y pragmática de observar si los pueblos están contentos es constatar **si estos se quieren quedar donde están**. Las hordas de emigrantes son pruebas fehacientes de malandanzas. El ya falso argumento de que "siempre habrá unos cuantos malacostumbrados que se quieran ir", ya mueve a risa. ¿Unos cuantos?...

El hombre busca básicamente lo bueno e inclusive la más de las veces dá el beneficio de la duda. Pero siempre debe tener en mente una meta, un deseo ferviente, un beneficio o premio para así poderse inspirar y producir con eficiencia.

Si el hombre en su mayoría quiere la paz es porque ésta le ha demostrado que es cuando más se desarrolla y progresa. En paz percibe mayores beneficios.

Lo triste es lo que nos enseña la historia. Son los mismos que pregonaron sistemas sin incentivos los que una vez que tienen la omnímoda del poder, los que como el "indio repartiendo chicha", se auto recetan incentivos inmorales que rayan en los abusos consabidos y que constituyen una burda burla a los pobres pueblos explotados y a los que creyeron en ellos. Lo más difícil de perdonar a estos malhechores hipócritas es que al removerle a los pueblos unilateralmente el derecho al incentivo, al no conocer éste otra alternativa, han creado algo negativo que generalmente es inexistente en los pueblos buenos.

Con la desesperanza de la pobreza de espíritu en espiral, se han creado situaciones difíciles de odios, violencias, robos, pereza y "yoquepierdismos". Por más bonitas que sean las canciones de protesta y otras creaciones del mismo estilo y los dineros que por ese medio se acumulan y derrochan; éstas siempre se basan en la misma bondad de los pueblos crédulos que dan el beneficio de la duda. Sus aires típicos y sus posturas falsas y seudo dignas con sus apeles "carnegallinescos", NUNCA, pero ni cerca, mitigan un ápice de las hambres, las enfermedades de los niños, la falta de esperanza y la falta de Paz, de estos pueblos harto sufridos y alimentados con saña. Los que permiten o pasivamente colaboran en estos *statu-quo* que despierten de este letargo negativo antes que los pueblos les reclamen.

Esto se ha visto y se sigue viendo en todos los continentes. Aquí, allá y "acullá".

El hombre funciona por incentivos. Definitivamente el fin de cualquier solución propuesta TIENE que ser basada en **incentivar** a los pueblos. Lo aquí propuesto es dar esa Esperanza fehaciente en ambientes de Paz: Enriquecer al Pobre.

10.- EL CULTO EXAGERADO A LA PERSONALIDAD TIENE QUE SER ELIMINADO.

Al sistema que se trata de llegar, deberá de impregnársele la siguiente dirección, la cual sostengo es de por sí una solución humana: Deberá funcionar por sí mismo, responsabilizándole por los individuos y eliminando el culto exagerado a la personalidad. Muchos proyectos no se hubiesen podido llevar a cabo de no ser por esta filosofía. Sin hablar de algunos deportes que funcionan más a base de equipo que de recias personalidades, o de muchas creatividades y descubrimientos científicos, para probar que no solo lo bueno, sino también lo malo funciona mejor a base de consensos, como las guerras, refirámonos a la bomba atómica para hablar de horrores. Pero así como la primera bomba atómica se llevó a cabo a base de un sistema, de un equipo y NO de un individuo, así también se pueden crear soluciones o sistemas que funcionen a base de cooperación de amor, sin la necesidad imprescindible del aporte irreemplazable de una persona. Yo tenía en mi oficina un rotulito enfrente y para verlo a menudo que leía: "Nadie es indispensable, Cooperación es la llave del Progreso".

Como en las novelas griegas en las que se desarrollan temas paralelos en la Tierra y en el Olimpo, este sistema una vez creado reemplazaría al ese culto exagerado al individuo del que pecan nuestros buenos pueblos. El sistema deseado sería creado por los individuos de una comunidad, e inclusive pudiese ser cambiado por estos, pero funcionando desplazaría al individuo que se crea indispensable.

Esto tiene ventajas sin paralelos pues ha sido esta dependencia en el caudillismo una de las razones más nefastas que estancan el mejor desarrollo del hombre y el mejoramiento del pobre. No se le puede pedir a un ser humano que sepa de todo. Los caudillos tienen esa megalomanía. Con muy poco aplauso hipócrita de sus camarillas les sobra y basta para ellos mismos creerse predestinados. En cuanto más se elevan más aparatosamente caen. Lo malo está que al caer siempre estas caídas van acompañadas de los siempre buitres de la confusión, la venganza, la violencia, la ambición y miles enredos más. ¿Y quién paga al final de todo esto? Los de siempre bala de cañón de todos los bandos: El pobre pobre, que cada vez sufre más, muere más y se hace cada vez más pobre. Y todavía más: Los niños de los pobres con sus miradas profundas y tristes y sus traumas de llantos bien arraigados.

Definitivamente no nos referimos aquí que el individualismo debe ser eliminado, por el contrario, más bien debe ser fomentado y gratificado. En forma pragmática eliminar a las personalidades no solo es difícil, sino hasta imposible. La sociedad no puede jamás prescindir de los aportes positivos de las personas como individuos en forma indispensable. El sistema que se desea debe, a como dijimos antes, más bien premiar este tipo de contribución; lo que no se debe consentir jamás es que un individuo, o llámeselo si se quiere caudillo, haga decisiones caprichosas por la comunidad. Esto lo estamos viendo en la actualidad y ha sido una de las grandes causas de los atrasos, hambres y explotaciones. Por estos sistemas actuales es que a ciertos escogidos, como buenos humanos, los poderes omnímodos, los terminan corrompiendo y los hacen olvidarse de sus originales intenciones.

La perenne sanción de cuerpos colegiados que le deban al pueblo su posición y no a ningún incondicionalismo partidario y menos que tengan que verle la cara al caudillo u otro individuo, sumado lo anterior a la espada de Damocles de la posible reprobación popular constante, (como lo señalamos siempre al decir que los pueblos siempre saben lo que no quieren), serán grandes contribuyentes a eliminar el culto exagerado al individuo en lo negativo, sin menoscabar los aportes positivos bienvenidos por la sociedad.

El culto exagerado a la personalidad, a no ser que se sea por las artes bellas, debe desaparecer. Lo aquí expresado tiende a ese propósito.

Lo nefasto de ese culto exagerado a la personalidad es lo paradójico que es. Si una persona llega a merecerse esa posición semi-endiosada se debe la mayor parte de las veces a que ha llegado a ella casualmente por hacerles bienes a los pueblos. Digo la mayor parte de las veces porque existen circunstancias hartas conocidas en las que estas alturas han sido escaladas no por verdaderos meritos populares sino por engaños a base de un manejo especializado de la propaganda y la mentira. De todas maneras los pueblos los premian porque CREEN que han sido beneficiados por estas recias personalidades. Sea a como fuere estamos hablando de seres humanos, con las debilidades de todos los humanos.

Nótese como cambian cuando llegan a sostener "el sartén por el mango"; como los que ellos mismos atacaban antes y hasta llegaron a ofrendar sus vidas, ahora lo tergiversan y egoístamente lo acomodan a fines bastardos que solo daños les hacen a los pueblos.

Napoleón representante de la anti nobleza de la Revolución francesa declarándose Emperador, Mussolini primero defensor de los derechos de los pobres después con sus sombreros ecuestres de copa y su Conde Ciano,

Fidel con su rosario contra el totalitarismo de Batista y después imponiendo el régimen más autoritario que ha conocido un pueblo, la Revolución mejicana y luego sus hipócritas e inmorales administradores y sus nuevas oligarquías, **Anastasio Somoza García** defensor del "mengalo" para luego tratar de imponer una casi dinastía, los Sandinistas primero se auto titularon defensores del pobre para luego descubrir que no son más que una mafia de ladrones, egoístas y asesinos sin escrúpulos, Torrijos, ni que decir de Lenin, de Hitler socialista para luego sacrificar al pueblo alemán como ambicioso monstruo megalómano y asesinar a 6 millones de judíos, de Stalin, otro monstruo con su purga de más de 10 millones de rusos y Sadam Hussein, ejemplos sobran y etc. y etc..).

Lo anterior por lo tanto significa que si de veras se desea mejorar las situaciones Económicas de los Pueblos hay que eliminar el militarismo como creador y/o encubridor de posibles Dictadores.

La parte militar del hombre ha sido negativamente usada para crear grupos selectos donde se promueven esos sentimientos negativos del hombre de la hegemonía de uno o un grupo especial sobre los demás conciudadanos. Estos selectos del caudillismo uniformado en vez de mejorar a los pueblos y ser guardadores del bien, solo los explotan. El objeto es al final de cuentas imponer el terror, el robo y el asesinato en vez de Paz y Esperanza. No puede haber una buena Producción que busca la riqueza del pobre en estos ambientes. Nunca.

Anastasio Somoza García

Gral. Anastasio Somoza García
(Nicaragua, 1896 – Panamá, 1956)

Aunque la mayoría de las veces el hombre fuerte o individuo de recia personalidad al que me referí anteriormente, se rodea de su Guardia Pretoriana, forma o proviene de un Ejército, tenemos que ver al Militarismo como personalidad abstracta, cuerpo colegiado y hasta de casta, comportándose ésta como ese mismo individuo absoluto y nefasto, (en algunos casos el militarismo constituye un estado dentro de otro estado, teniendo hasta votaciones secretas para la administración de sus prebendas/poder). Las tristemente famosas "Cortes Marciales" o "Cortes Militares", aún en los países que se llaman desarrollados, no tienen razón de existir. Los hechos lo han probado que en gran parte de los casos se burlan del Derecho del pueblo y hasta hacen caso omiso de ignorar decisiones de las Cortes Civiles, bajo muchos pretextos militares. La única acepción que podrían tener es de expulsar a cualquier militar que no cumpla dentro de su seno, y entregarlo a las autoridades civiles para su juzgado o castigado por incumplimiento de su deber si la justicia lo amerita, pero nunca dictar sentencias en forma independiente; se cumpliría con ello el tan repetido dicho que el Militarismo es "un Estado dentro de otro Estado". La enorme incidencia negativa que el militarismo ha tenido en la historia, sobretodo en nuestros desheredados pueblos subdesarrollados es de dar lástima.

La parte militar del hombre nació, como lo dijimos con anterioridad, en aquel sistema en el que el pillaje, muertes y todas las violencias consabidas estaban a la orden del día. Ya sabemos que el hombre actúa o por amor o por temor. Debido a esa misma falta de comunicación fue que la violencia y el sometimiento eran la mejor forma de formar naciones.

En la época actual, en la que funcionarios se sientan en una mesa a negociar, todos estos falsos machismos están siendo cada vez mas desfasados. Para los que argumentan las premisas gastadas de que la violencia es naturaleza del hombre, que la rapiña es parte imprescindible de nuestra naturaleza, y otros principios negativos por el estilo, solo hay que decirles lo de siempre: Que el progreso justamente se distingue por nuestras caminatas y búsquedas de cambios, que si la violencia y la rapiña son de verdad condiciones con las que tenemos que convivir, entonces están de más todas las búsquedas, que al no ser nada estático y al tener que contar con la violencia y el cerebro reptil del hombre, esta tiene la tendencia a nuestra destrucción. Ahora con todas las armas mortíferas desarrolladas esta decisión no se puede posponer. Ya casi no existe en este sentido el *status quo*. O nos destruimos, o seguimos viviendo. Es nuestra decisión y sería ridículo y mejor ni seguir leyendo, el pensar que lo que queremos es destruirnos.

Demás estarían entonces los cambios y los Cristos y los Gandhi.

Examinemos bien al militarismo. ¿Cuáles han sido las razones de su origen?:

a.) Defender a la nación o población contra el ataque de otras.

b.) Mantener el orden para la buena marcha de la ciudadanía.

A estas anteriores agreguemos las siguientes realidades:

c.) Atacar e invadir a otras naciones, y

d.) Servir de medio y fuerza de opresión al dictador de turno para su mantenimiento en el poder. Los argumentos y moralizaciones sobran.

Analicemos cada una de ellas:

a.) Defender a la nación contra el ataque de otras. Las razones primitivas para que una nación ataque a otra son harta conocidas por más que se las quiera disfrazar; son el pillaje, la explotación y la imposición de "soluciones" a la brava y con la ley de la jungla, sin negociaciones. Aunque todavía se está viendo el hecho que una nación (la mar de las veces regida por megalómanos) ataque a otra, este es un hecho detestable que cada vez se experimenta menos. Con cuerpos colegiados cada vez más prácticos como las Naciones Unidas que terminará actuando como Policía Internacional, así como las leyes internacionales de justicia y hasta como los Pactos Regionales, estas incidencias negativas van cada vez más en descenso. Y esto que nuestras oficinas de Paz son todavía incipientes e ineficientes. Algunos inclusive las tildan de pomposas y acomodaticias. Sin embargo siguen siendo como buenas búsquedas, fuerzas intangibles con intensidad y dirección, contra los ataques injustos de una nación a otra. Es nuestro deber siempre respaldarlas. El verdadero escarnio mundial contra estos sucesos siempre sale a relucir a la hora de las decisiones públicas que los hombres toman en contra de la violencia y a favor de la Paz.

Es triste todavía observar como los grandes manufactureros de armas de destrucción se aprovechan de estas oportunidades necrófilas. La venta de armas, un negocio sangriento muy lucrativo y hasta fomentado hipócritamente por grupos de Estados supuestamente de Derecho que pregonan el control de las armas por el individuo, debe ser eliminada totalmente. Lo mismo con la suplida de armas desfasadas a los países pobres, cualquier pretexto que se invente. Su tendencia a desaparecer tiene que formar un pilar sólido de las metas mediatas de las Naciones Unidas. Por un lado es contradictorio observar como se pregonan doctrinas de paz y por el otro se vende barata la Muerte. Estas situaciones, por antonomasia tienen que desaparecer; veamos la tendencia.

Aun en las potencias vendedoras de sufrimientos bélicos, no son los pueblos quienes endosan estas medidas; son los mismos militares, gobiernos o algunas minorías manipuladoras las que manejan estos quehaceres. Si a los pueblos se les consultaran estas andanzas maléficas serían abrumadoramente condonadas. Lo vemos en varios países como estas demandas sociológicas salen a relucir como gritos que se quieren ahogar, en las desnudadas escandalosas de juicios contra sí mismos en países ahora llamados desarrollados.

b.) Otro argumento que trata de justificar al militarismo es el de la necesidad de mantener el buen orden. **Para mantener el buen orden está la policía.** Aún ésta se recomienda nunca esté centralizada para evitar su posible mal uso, sino regionalizada en varios cuerpos semi independientes. Observemos a un país pequeño como nuestra propia Costa Rica basa su seguridad con gran éxito, en la OEA y Naciones Unidas y en el respeto al derecho ajeno.

No estamos diciendo que existen situaciones ideales panaceicas y todos no somos países cívicos pequeños; estamos nada mas examinando situaciones pragmáticas. Observemos por ejemplo como los llamados "castigos" que se le impusieron al Japón y Alemania resultaron al revés ser bendiciones escondidas al eliminarles su militarismo. Esas fuerzas negativas se convirtieron en positivas que coadyuvaron a alcanzar resultados económicos hacia otros menesteres positivos. Estos resultados dignos imitables, deben ser como un faro orientador para todos.

Por supuesto que hay resabios del pasado y los llamados intereses de ultramar en varias naciones "fuertes". Estos, aunque comenzaron en las formas conocidas de abusos y violencias, se están enderezando hacia situaciones creativas justificadoras. Sin quitar el dedo de la llaga y sin pisarle la cola al tigre ni "hamaquear" el bote, todos estos entuertos tienen que ser enderezados a la brevedad posible y en todos los campos. Los mismos países grandes —y lo estamos viendo— buscan retiradas "salva cara" de situaciones que siguen siendo negativas. Esto lo hacen para su propia conveniencia. De esta conveniencia hablaremos más adelante.

Durante el siglo XXI estoy seguro el hombre buscará la Paz con el mayor ahínco. Si no se tiene o quiere tanta Fe y debilidad como Costa Rica, queda como mal menor el tener armas fuertes exclusivamente defensivas con el menor numerario humano posible y ulteriormente tender a eliminar éstas mismas. Pero el militarismo so pretexto de defensa y de orden tiene que desaparecer.

Las otras dos razones reales y crueles son los verdaderos resultados del militarismo: Atacar a otras naciones y diosecitos mantenerse en el poder. Estas están completamente en contra de la meta ulterior del hombre y tienden a su destrucción. A pesar de lo obvio que son estos argumentos, suspiro triste por dentro cuando oigo voces que todavía alegan lo contrario. Los Kadhafi, los Hitler, los Noriega, Hussein, Ortega, Castro, Torrijos, Stalin, Gómez, Chávez, Maduro, etc., y aún las llamadas dictaduras de partido, siempre utilizaron las fuerzas de choque militares o el engaño para enriquecer sus egos y/o bolsillos o los de su camarilla, atropellar y mantenerse en el poder.

Es ridículo pensar lo contrario. Aun en el mejor de los casos el militarismo tiene que desaparecer. No hay vuelta de hoja. El individuo que desee hacerle el bien a su pueblo y que antes usaría del militarismo para lograr sus acometidos, que pruebe las nuevas fuerzas populares con democracias mejoradas, las que deberán suplir los medios para soluciones positivas sin las posiciones omnímodas de los que se creen dueños de la verdad, sean estos individuos o cuerpos colegiados. Aunque sea para lo que se crea ser un fin bueno. el culto exagerado al individuo es un cáncer en los pueblos pobres que tiene que ser desarraigado, y por ende, el militarismo.

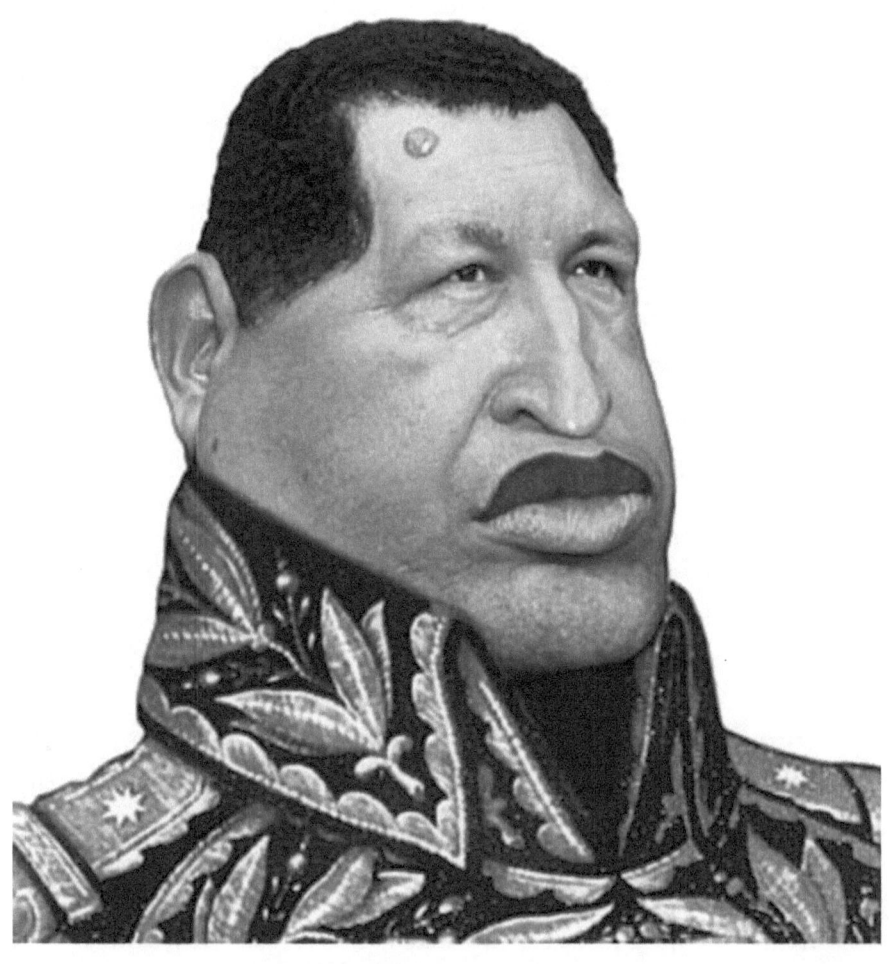

Hugo Chávez Frías
"El Libertador del Socialismo del Siglo XXI"

11.- EL HOMBRE ES UNA MEZCLA VARIANTE.

La sociedad humana, y por lo tanto homo sapiens, está pasando por varias etapas. De herbívoro el hombre se está convirtiendo en carnívoro; le llamamos omnívoro, como a los osos. El sólo en un tiempo al comienzo, pudo vencer a otros animales menos dotados físicamente que él, pero en cuanto se enfrentó a animales con superioridades físicas o mejor dotadas para matar, al principio tuvo que huir. Poco a poco y por necesidad de sobrevivir tuvo que hacer algo que todavía es parte de él, actuó en manada al igual que otros animales predadores y creó una colectividad con el gran cerebro o lo que sea, desarrolló con mayor eficiencia y sumamente efectiva para sus fines: La Sociedad. Una vez que probó la carne, solo por medio de acciones de cooperaciones asociadas pudo dar muerte a animales mucho más grandes y poderosos que él, para poder alimentarse de los mismos. Formó comunidades y agrupaciones comenzando con su familia, con la que nunca rompió lazos definitivos. Luego formó ciudades y después naciones. Estas eran "jefeadas" al principio por el más fuerte, luego por el más osado o por el que más infundía inteligentemente terror a sus enemigos, para después entrar en épocas de paz y desear ser jefeadas por el más eficiente, el que más bien le hiciera a la comunidad. Los mecanismos para su elección nunca han sido estáticos y en aproximación se inventaron las elecciones, que como dijimos antes son búsquedas, no encuentros.

Las elecciones están basadas en una premisa no siempre verdadera, más bien se podrá tildar de falsa en nuestros pueblos tercermundistas: Que los pueblos saben lo que quieren. Esta es una prueba más que estas son búsquedas, no encuentros, ya que son "menos peores" que sus antecesoras. No nos debemos estancar en ellas, siempre tratando de mejorar premisas.

Al hombre no le gusta ni puede en su generalidad vivir solo. Tampoco le gusta compartir su lecho y muchos otros bienes adquiridos por él, que ahora se llaman propiedad privada. Entonces nos encontramos con esta real situación: El hombre es una mezcla de individualismo y colectivismo. No es ni tigre ni abeja.

Tenemos que pensar y estar conscientes que todo a nuestro alrededor es cinético, no estático. Todo se mueve, nada es estancado. Cuando nos referimos anteriormente al acto como compuesto de medio y fin, tenemos que tomar en cuenta que lo que es considerado como bueno hoy día, talvez no lo fue hace algún tiempo ni lo será en el futuro. Los principios básicos deben ser universales, como por ejemplo que el hombre continúe en el planeta tierra, pero las implementaciones se deberán sujetar a las variaciones de espacio/tiempo. Lo mismo sucede con la mezcla del hombre: Es una mezcla variante. Yo cuestiono mucho por lo mismo muchas leyes estáticas desfasadas así como el juzgar los hechos históricos del pasado bajo nuestros parámetros del presente.

Esta es otro axioma pilar que se debe de tener en cuenta al sugerir sistemas nuevos.

En ambientes de paz y caridad el hombre tiende a ser más colectivo que individualista. Esto, al revés de lo que proclaman muchos cánticos de sirena, lo podemos observar en formas voluntarias, en los claustros y lo desean las religiones. Sin los para mientras de violencia y de imposiciones supuestamente y muy falsamente transitorios. La violencia siempre atrae más violencia; esto es un hecho innegable así como también es un hecho innegable que es completamente falso que la violencia es a veces la única opción para la búsqueda de justicia; en nombre de la libertad y de la justicia se cometen tantas violencias e injusticias como regla que matan éste argumento hipócrita. Siempre con amor se encuentran nuevas búsquedas y los caminos nuevos de paz son inagotables. Esto es el progreso que hay que buscar hacia el infinito y lo absoluto; aunque aquí no se llegue cada solución sugerida siempre será mejor que la anterior. Cada vez que se rompe esta regla quien paga es el pobre pueblo.

Las soluciones que se busquen tienen que ser lo suficientemente flexibles para siempre adaptarse a esta realidad que es la mezcla del hombre y a su giro que tiende voluntariamente y por conveniencia, hacia la paz. El hombre no es ni abeja ni tigre.

12.- EL DERECHO DE LA COMUNIDAD TIENE PRECEDENCIA SOBRE EL DERECHO DEL INDIVIDUO.

Supongamos que un individuo comienza a quemar basuras (muchas de las cuales producen humos tóxicos) y llega la policía a impedírselo, probablemente éste, ignorando en gran parte de los casos sus verdaderos derechos, vocifera y reclama sus "derechos". "El terreno es mío, la basura es mía, por lo tanto yo puedo hacer lo que me dé la gana en mi terreno". Esto a manera de ejemplo, ilustra a buena medida este principio. Es además ilustrativo el demostrar como está el mismo interrelacionado con el mal menor. El individuo si se quiere tiene todo el derecho de respirar humos tóxicos, de su basura y de su quema; SI NO FORMARA PARTE DE UNA COMUNIDAD. La Comunidad también tiene el derecho de NO respirar toxinas. Entonces se aplica el principio "que el derecho de la comunidad tiene prioridad sobre el del individuo" y se escogió el mal menor al prevalecer la prohibición aplicada del policía y no permitírsele al individuo quemar su basura en su terreno y "atropellársele" según él, sus derechos. Este axioma, pilar para nuestro estudio, esta ya siendo usado y abusado por regímenes del mundo. De manera que, como casi todo, no es nada nuevo.

Lo más importante es estar consciente de lo más profundo de las razones de su existencia. Todo tiende a la supervivencia; y lo anterior demuestra fehacientemente que nuestros mismos antecesores de las cavernas hicieron siempre prevalecer el derecho de la comunidad sobre el del individuo, por la misma supervivencia. Esta era amenazada entonces en sucesos diarios.

En la actualidad este principio va a servir de gran fundamento para la fundación de soluciones nuevas. Tiene por ejemplo gran incidencia en lo que lo que algunos ahora llaman propiedad privada al estilo Adam Smith, y sus relaciones con los progresos y bienestares de los pueblos. Lo anterior, como de nuevo todo en este mundo, no es estático. Los valores de ahora no son los de ayer y quién sabe si serán los de mañana; sobre todo los que sirven de soporte a los básicos. A medida que avanzamos en el tiempo lo que creemos sirve para que el hombre continúe en el planeta tierra ahora talvez no sea la misma verdad de mañana. Lo importante es tener la mente abierta a la relatividad del espacio/tiempo y no apegarse a posturas desfasadas. Víctor Raúl Haya de la Torre insistía que las soluciones no se deben estancar en determinados sitios ni épocas y por lo tanto las soluciones no debieran ser literalmente copiadas sin digerirlas. América Latina, me decía él, y lo repito una vez más, "hemos copiado desde constituciones hasta modos de vestir, razón de muchos de nuestros problemas".

Todo está relacionado con el hecho que al sobrevivir el hombre como especie (comunidad), por antonomasia sobrevive como individuo, por lo tanto cuando hay yuxtaposición, el mal menor es que el derecho de la comunidad siempre prevalece sobre el derecho del individuo.

13.- TODOS LOS CAMBIOS DEBEN SER CONVENIENTES.

Como se expresó antes, toda solución debe tratar de plasmar pensamientos intangibles en sílabas y páginas tangibles. Al referirnos a estos principios necesarios para las creaciones sugeridas, hemos llegado a describir los principios que por el momento yo llamo básicos; nunca se debe de tomar esta listita ni como prioritaria, ni limitativa ni independiente. Al igual que la riqueza, todos estos factores están interrelacionados.

El Principio de la conveniencia, está íntimamente ligado con varios otros de los Principios Básicos aquí enumerados. Para que algo sea conveniente necesita ser bien comunicado, tener incentivos, ser voluntario no impuesto y desarrollarse en el ambiente de esperanza que solo lo da la paz.

El elemento tiempo, como en todo, es de suma importancia ya que el convencimiento debe ser llevado a los individuos o sociedades en formas comunicativas eficientes y en el menor tiempo posible. Es deseable también que la conveniencia en sí sea también a corto plazo, pues el egoísmo nato del hombre hace que el tiempo sea inversamente proporcional a la intensidad de la comunicación convincente. Esto puede hacer la obtención de los logros más difíciles, pero siempre posibles. Esta es una de las muchas razones de la bondad de la buena comunicación. A veces nos cuesta mucho pensar en nuestros nietos por pensar en nosotros.

La conveniencia no es una razón divina y hasta de egoísta se le pudiese tildar. Pero forma parte de la supervivencia del hombre. Lo que hay que demostrar es que la mejoría de los pobres les es conveniente a los pueblos ricos; no con violencias y miopías que redundan en lo malo que tendría del "aceléralo" todo alimentado por las alimañas de la envidia que da la miseria, que es la autodestrucción del hombre por el hombre mismo; sino la verdadera conveniencia, no solo en detener vicios que ya se están viendo, sino también en la conveniencia de la riqueza contagiosa y la producción que da la paz. Esto es a lo que yo llamo pensar en nuestros nietos.

A los individuos les debe de convenir un cambio solamente si este llena sus aspiraciones de mejorar o sea de obtener mayor riqueza. Esto como lo expresamos antes, debe de ser llevado en un ambiente de paz. Cualquier solución que se sugiera deberá contemplar estas circunstancias.

A las naciones hay que demostrarles que les es conveniente que ayuden a que otros países se mejoren amén de las razones caritativas y morales. Hay que demostrarles que se tienen que tirar al trasto todos aquellos traumas negativos por los cuales se han estado rigiendo gran parte de los comportamientos internacionales. Que la riqueza es contagiosa y por lo tanto deseable cuando más se disemina. **Que lo contrario es hasta peligroso** por las invasiones de hambres incontrolables y excesivas, además de muchos otros factores que atañen a la conveniencia y que se están experimentando con hechos reales. La conveniencia es sumamente importante en este mensaje. En un tiempo le era "conveniente" a un pueblo fuerte invadir a un pueblo débil. Creían también que les era conveniente tener colonias y explotar a los pueblos pobres. Por los factores más mediatos de la "conveniencia", por más que las disfracen de sentimientos buenos y amén de las valentías independentistas de los pueblos que pudieron ser agraciados con esta circunstancia, una gran razón del porqué últimamente las potencias imperialistas se han ido deshaciendo de sus colonias, es porque no les ha CONVENIDO seguir con ellas en esa manera. Los costos de manutención de estas colonias son ahora MAYORES e insostenibles que las explotaciones y exprimidas que lograban de ellas. Estos son los mismos argumentos que hay que sostener y detentar al tratar de convencer a los países desarrollados que no les CONVIENE que estas situaciones de explotaciones vedadas continúen.

Aunque pequemos de repetitivos las razones son obvias. ¿Son deseables las enormes olas inatajables inmigratorias resultantes de la pobreza? ¿Son deseables, por detestables, cobardes y odiosos que sean, los actos terroristas que solo crean intranquilidad y que no tienen fronteras? ¿Son deseables esas enfermedades nuevas de difícil cura que se multiplican con aún más ahínco y se esparcen como regueros de pólvora que son resultantes directos de las miserias? ¿Son deseables los estados inexplicables de odio y resentimiento del pueblo que no tiene hacia el que tiene, que redunda que el individuo no pueda viajar en paz en busca de placer normal o de búsqueda de sus mismas raíces? ¿Son deseables observar en la televisión o en la prensa esas escenas de dolor de hambrunas, de costillares expuestos, de niños con moscas a las que ni caso les hacen, con miradas tristes y de dolor profundo?

Ya se están viendo entre los países llamados desarrollados Tratados especiales para mejoras en formas de libre comercio, (menos trabas aduaneras), libre locomoción (menos trabas inmigratorias), amistad y no agresión y otros más. Esto sí, entre ellos los que producen con deudas, formando bloques que yo llamaría "internacionalmente discriminatorios". Sin embargo son pasos positivos hacia adelante. Yo visiono estos mismos tratados, pero incluyendo a los países del tercer mundo. Y bajo los mismos parámetros de producir con deuda buena a como lo hacen ellos. Lo otro es una competencia desleal, el uno vendiendo en un mercado mayor a base de deuda para producir mientras el otro (los países pobres) a base de ahorro desfasado y hasta depósitos sólidos que ellos mismos usan en sus bancos.

Es laudable el hecho que el gran representante de los países desarrollados, el Fondo Monetario Internacional otorgue grandes cantidades de dineros a países pobres. ¿Pero de donde viene ese dinero? El verdadero valor de esos papeles de circulante es proveniente de Deudas Internas respaldadas por el incremento en el Movimiento Económico que va a ser producido por el intercambio entre el país pobre y el resto del mundo. Lo malo está en que se considere como un "préstamo caritativo". Los receptores del "préstamo" están relamidamente agradecidos a pesar que ellos mismos con esos mismos pagares depósitos papel circulante, probablemente pudiesen producir ese movimiento económico. Les imponen además otros amarres y limitaciones muchas de ellas buenas, (como por ejemplo acabar con los nepotismos), pero otras como la de no permitirle unilateralmente al país pobre entrar en deuda interna, usar barcos y/o hacer Estudios Económicos de tal o cual bandera y otros "amarres" mas, no son más que imperialismos disfrazados. Sin embargo es un paso como dije, hacia adelante y los mismos grandes se debieran de dar cuenta temprana de lo saludable y conveniente de permitirles a estos pueblos por ahora desheredados que compitan con las mismas premisas y bases. Un mercado con mayor entrada por cápita (riqueza), tiene mayor consumo. Esto es CONVENIENTE.

Todo y cualquier cambio tiene que ser conveniente. A los individuos les CONVIENE tener relaciones de paz y de respeto a los derechos de otros individuos para su misma concordia y supervivencia. A las naciones más desarrolladas les CONVIENE que las naciones subdesarrolladas (o en "vías de desarrollo" como hipócritamente se les quiere llamar) salgan de sus círculos viciosos de llanto y miseria. Tampoco les CONVIENE esas enormes olas de inmigrantes ilegales. La única forma es que les ayuden a hacer lo que ellas mismas hacen: Producir. Para esto es NECESARIO que se les permita como prioridad el endeudamiento productivo. Como secuencia acompañante unísona está la PAZ.

Así como la riqueza es contagiosa, la miseria y la pobreza engendran factores negativos que además de ser sumamente contagiosos, no tienen fronteras verdaderas. Es necesario que vean los poderosos que aunque las violencias no han llevado a la mejoría del pobre tampoco es conveniente que a las razones que verdaderamente producen las guerras no se les "tape el sol con un dedo"; ya las armas no son las mismas y la desesperación y el odio engendrados por la pobreza y/o demagogia, son malos consejeros.

La mejoría del pobre es CONVENIENTE. Se tienen que fomentar los mecanismos para producir en paz como el aquí descrito. Las dádivas egoístas y mejoras paternales lo único que hacen es prolongar la agonía. Pero el fin nefasto es el mismo.

Como sucesos positivos ya se nota la influencia de la Paz en todos los cambios. El cerebro reptil del hombre exterioriza sus descontentos con violencias, estas no han verdaderamente mejorado al pobre y antes se creía que toda revolución tenía que estar acompañada de sangre. Sin embargo, ya sabemos que la mayor revolución con amor que se ha hecho en los últimos dos mil años ha sido la cristiana, además de Cristo se han notado revoluciones exitosas CONVENIENTES con amor y paz como la de Gandhi, Martin Luther King y hasta podríamos incluir a Gorbachov y otros. Los cambios tienen que ser convenientes. Los cambios con Paz son los duraderos.

X.- MEJORES GOBIERNOS

SIN ALTERAR EL CONTEXTO NI ADUEÑARSE DE LA VERDAD LO QUE SE DESEA ES QUE EXISTAN EN LOS GOBIERNOS LOS ELEMENTOS NECESARIOS SOBRE LOS CUALES SE PUEDA DIFERIR, PARA QUE LOS PUEBLOS POBRES SALGAN DE SUS MISERIAS ES MENESTER IMPLEMENTAR EL MISMO PRINCIPIO QUE USAN LOS PAISES DESARROLLADOS DE PRODUCIR A BASE DE DEUDA, FISCALIZADA PARA QUE NUNCA SEA INFLACIONARIA Y EXPLOTADORA DEL POBRE, QUE ES COMO LO HACEN ACTUALMENTE LOS GOBIERNOS CRUELES QUE SE AUTOTITULAN DEFENSORES DEL POBRE Y SE TERMINAN CONVIRTIENDO EN SUS PEORES ESCLAVIZADORES.

LO QUE AQUI RESULTARIA DE TODO LO EXPUESTO ES LA META DE ENRIQUECER AL POBRE QUE SIEMPRE PAGA POR LAS PUGNAS DE LOS AMBICIOSOS Y LA REVINDICACION DEL TRABAJADOR. TODO ELLO SIN SEMÁNTICAS NI ENREDOS. CAMINEMOS HACIA EL INFINITO PARA QUE PROGRESEMOS EN ESTE VALLE DE LÁGRIMAS...PENSEMOS EN LAS MIRADAS TRISTES DE LOS NIÑOS ANTES QUE EN NOSOTROS MISMOS...

MEJORES GOBIERNOS.

Como lo expresé con anterioridad, lo que se busca es un ambiente propicio para poder establecer el mecanismo que expondré más adelante. La clase de ambiente que solo la tranquilidad que el sistema de Gobierno que se tiene proyecta; lo imprescindible para poder trabajar con fe en el futuro y por ende, poder entrar en Deuda Interna para Producir. Como también repito, si algún otro sistema produce el mismo resultado de Paz, pues bienvenido. En una futura publicación, voy a exponer si puedo, mis ideas sobre los cambios deseables según yo, que necesita la democratización. Aquí en este pequeño tratado llevaría demasiado espacio y podría restar importancia al muy importante mensaje que explico en el siguiente capítulo: QUE LA UNICA FORMA EN QUE LOS PUEBLOS POBRES PUEDAN SALIR DE SUS MISERIAS EN FORMAS MAS BIEN RAPIDAS ES EN ENDEUDANDOSE EN BUENOS PROYECTOS PARA PRODUCIR, y que esta situación en unas formas u otras les está vedada. Resumiendo, en todas las anteriores consideraciones y soluciones sugeridas, un Gobierno según mi opinión, resultante deberá contemplar los siguientes atributos y condiciones reales y relativamente nuevas:

A.- La consulta popular deberá ser constante. Orientada más hacia lo que los pueblos NO quieren y considerando más los bienestares de la comunidad y del futuro que los intereses individuales del presente. Todo candidato para calificar como tal deberá tener la preparación educativa mínima necesaria del cargo aspirado.

B.- Al ser representante de la comunidad, el Estado deberá velar por los derechos de ésta, nunca ningún poder ejecutivo u omnímodo de éste, así como estar consciente de los deberes. Por lo tanto existirá una Comisión especializada, directa e independientemente conectada con el pueblo, que UNICAMENTE fiscalizará, sancionará y fijará los parámetros y/o coeficientes por los que se guiarán las actividades.

C.- Los impuestos directos al circulante, sobre todo cuando la producción llegue al nivel mínimo cinético deseado, no serán recaudados por los sistemas personales engorrosos existentes, sino que pudiesen ser recopilados directamente del sistema, basados en los aumentos de riqueza generados por la producción en forma macro, lo cual trataremos adelante. La mejor forma de llevar a cabo lo anterior deberá ser paulatina, a medida que el sistema genere los suficientes superávit para ir reemplazando a los impuestos. Los impuestos personales que se tasen a la riqueza excesiva serán resultado de consideraciones variantes. Ningún impuesto tendrá influencias negativas en la producción, exportación y la tranquilidad. Podrá ser objeto de consideraciones el hecho que los impuestos de condados locales tendrán la opción de su autonomía en su *modus operandi* y en su metodología peculiar; pudiendo estos entrar en competencia una localidad con otra, acerca de la regulación de sus ciudadanos en cantidad y calidad basados en las formas impositivas locales, ya que, cuando se llegue a la cantidad óptima de producción, (que nunca será limitativa), no deberán existir impuestos del Estado, sobre la producción.

D.- La educación mínima será obligatoria y considerada como proyecto rentable de la sociedad. La educación superior especializada será voluntaria y considerada como proyecto rentable del individuo; con todos los deberes y derechos correspondientes.

E.- El Estado deberá ser solamente Promotor, Fiscalizador, Velador y Fomentador. Tratará siempre de ser lo MENOS Ejecutor o Administrador posible.

F.- La comunicación deberá ser fluida. De parte del Estado estará enderezada hacia informar a la comunidad en forma positiva de sus derechos defendidos y al individuo de sus derechos y deberes para las consideraciones de las tomas de decisiones libres. La Libertad de Expresión será siempre un pilar básico de los cambios aconsejados. Por las consideraciones de prioridad de derechos entre la comunidad y el individuo, el Periodismo, al igual que cualquier otra actividad que atañe relaciones comunitarias, deberá funcionar con las debidas premisas de preparación necesaria. Al Estado, como representante del pueblo, corresponde fijar estas condiciones. Estas licenciaturas otorgadas por Comisiones del Estado nunca serán resultados de posturas demagógicas que en efecto no han sido más que paleativos o soluciones provisionales que rayan en el soborno, para esconder conciencias culpables. Las anteriores consideraciones regirán TODAS las relaciones entre los individuos y la comunidad. Serán usados por el Estado los métodos más modernos de comunicación educativa POSITIVA y masiva.

G.- La Libertad de Religión será siempre respetada y si posible fomentada. En efecto, nunca será atropellado uno de los derechos más básicos del individuo: El de buscar o venerar el Más Allá, si lo estima conveniente, en la forma que le plazca. Sería parcialidad obvia si el Estado se identificara más con una religión determinada.

H.- La Libertad de Locomoción será respetada y hasta fomentada. Las aduanas y/o controles de inmigración o emigración serán lo más fluidos y eficientes posible.

I.- Una Comisión especializada fiscalizará la aplicación de la Justicia. En casos emergentes esta Comisión se podrá reunir y dictar sentencias en cualquier lugar. En los casos especiales que se violen uno o más de los Principios Básicos podrá inclusive popularizar y/o delegar a como estime conveniente, la ejecución de cualquier sentencia que atañe a su buena marcha.

J.- La Actividad Económica será prioritariamente fomentada por el Estado, lo cual será llevado a cabo partiendo de lo siguiente:

1.) Considerando a todos los Pasivos con los similares deberes y derechos, en cuanto a su responsabilidad contable.

2.) Estandarizando y simplificando todos los Estatutos y las Leyes Constitutivas de las Actividades Económicas.

3.) Calificando y solo apoyando a aquellas actividades cuyos resultados de riqueza producidos sean más altos que sus costos integrados y por lo tanto justifiquen una deuda interna.

4.) Creando una Bolsa de Valores donde se puedan negociar libremente Acciones o Pasivos de cualquier empresa.

5.) Repartiendo las ganancias o riquezas agregadas entre los trabajadores o productores después de haberse satisfecho los costos mínimos fijos del Gobierno de los fondos provenientes de los intereses de las acciones preferenciales o de la venta de las mismas al público, a bases iguales de persona/tiempo, nunca a base de posiciones o sueldos.

6.) Siempre permitiendo cualquier otra actividad económica no respaldada por el Estado en forma completamente libre. Al Estado solo corresponderá informar debidamente a la ciudadanía de las incidencias de éstas, velar por el fiel cumplimiento de los deberes y derechos de un nuevo reglamento en el cual el Estado no se responsabiliza y otorgar únicamente las Licencias

necesarias correspondientes.

K.- Antes de llegar al Despegue un pueblo subdesarrollado deberá comenzar proyectos de Activos con el menor uso de Bienes y Servicios Importados. Los hay de consumo local, de construcción rústica, de producción de alimentos, de comercio interno, de algunas pequeñas industrias ya establecidas que necesitan más que nada "Capital de Trabajo" para pagar sueldos y gastos locales (Bienes y Servicios no Importados) y que además producen Exportación, como la ganadería de carne y la agricultura.

También existen proyectos con muy poco Activo importado que de demanda extranjera como el café, el algodón y la madera. Le siguen la Pesca, La Minería y Productos del subsuelo no renovables etc. El Principio detrás de todo esto está en que los países exportadores de maquinaria pudiesen estar renuentes como a veces buenos necios, al comienzo al prestarle a un país pobre con mala experiencia y buenas intenciones a pesar que al exportar está produciendo riqueza para sí, movimiento económico y proviene de su deuda interna. El hecho que se estén perdonando deudas descansa en este "paternal" cimiento, solo que ahora esto se usa como arma política.

¿Qué mejor política que tener amigos en vez de envidiosos, hordas invasoras, terrorismos y enfermedades? Aquí estriba el Convencimiento. El porcentaje que se tome de los Activos en Bienes y

Servicios Importados sería siempre un factor variable. Esta cifra depende del Convencimiento. Una vez que un país pobre llegue a su Despegue, o antes si se le vislumbra conveniente, hasta los mismos productores de estos Bienes y Servicios van a gestionar ventas y hasta invertir en este país, todo a base del Incentivo de un Buen Comercio ventajoso. Queda siempre la opción que se consideren los Bienes y Servicios Importados como un aporte más de capital con moneda local a base de obtener las divisas necesarias de la manera que actualmente se llevan a cabo normalmente.

L.- El Tercer Mundo necesita las implementaciones necesarias para tener mejores Gobiernos.

1.) **Todas las soluciones son interrelacionadas**.

Lo más importante es la adecuación de la parte económica. El pobre quien además de necesitarlo imperativamente, desea enriquecerse y debe de tener la oportunidad para ello. Es el pobre quien está dispuesto a sacrificarse y trabajar más para lograr esa meta. No para enriquecer a terceros.

En el cuadro esquemático que someto a consideración en la siguiente pagina propongo que los Ministros o Secretarios del Ejecutivo salgan en su mayoría de entre los rangos de los legisladores con la aceptación del Presidente de la República, y que el Ejecutivo sea el Concejo de Ministros presidido por el Presidente de la República, y que éste a su vez sea también el Presidente de la Asamblea Nacional. Todo esto redundaría en mayor cooperación.

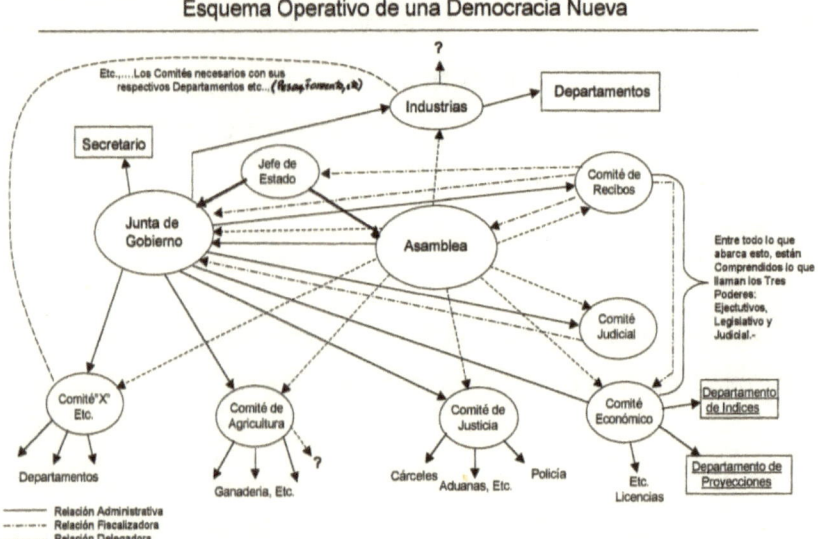

La metodología que expongo en la Segunda Parte para lograr el mejoramiento del pobre es de fácil implementación si así se desea. El lector lo podrá apreciar como el broche oro de este mensaje. Sin embargo de nada serviría si no se tiene fe en el futuro, paz y tranquilidad para dedicarse a una tarea con porvenir. La única forma de lograr lo antedicho es en el ambiente de paz que se obtiene cuando se tiene la dicha de vivir bajo un gobierno eficiente que inspire a sus ciudadanos a funcionar en una atmósfera de respeto a los Derechos y que infunda paz interna y confianza en la permanencia de un sistema adecuado.

A pesar de nuestros relativos avances notamos desfasamientos y atrasos en la mayoría de las oficinas de los gobiernos; sellos, papeleos, "red tape", suciedades, poca educación, mal trato al público, etc.; algo que pareciera generalizado en todas las ramas de gobierno. Una meta mediata deseada es por ejemplo que el individuo en formas no engorrosas pueda expresar sus inclinaciones y opiniones en consultas casi perennes, que a la vez se puedan cuantificar rápidamente. Lo tratamos adelante, basta decir que con la modernización computada tiene que venir mejores metodologías para las consultas populares.

En cuanto a la Libertad de Expresión o de Palabra es digno de observarse la nueva forma de expresión por medio de computadoras personales llamada "Internet". Ha llegado a niveles internacionales y es difícil de prestarse a controles del Estado. Quizás pueda llegar a ser una forma en la que el individuo pueda expresarse libremente sin tener que depender de las muchas veces abusos caprichosos de los dueños de medios, o del peor mal que es la ley de la mordaza estatal. Lo que está todavía por resolverse es su accesibilidad por su alto costo a las masas populares. Pero todo problema tiene solución.

Todas estas ansiedades repito, constituyen retos a las mentes inventivas y creativas. Ahora que las demandas para cambios necesarios ya se están haciendo sentir fuertemente no veo razón por qué no se avance con mayor rapidez en estos rubros. Está en manos de los gobiernos incentivar a estas mentes.

Como lo expongo adelante, yo soy muy admirador de la metodología norteamericana que ellos llaman *"checks and balances"*, que al español podría traducirse a "control y ajustes". Sobre esto tratamos más adelante. En otras palabras además de la fiscalización mutua y sin entrar en razonamientos extensivos, si el resultado de lo deseado no está de acuerdo con los fines de lo buscado, éste puede ser ajustado a base de lograr cambios y resultados positivos hacia la meta deseada.

Este principio se debe tener en cuenta como orientación hacia nuevas búsquedas. Como al avanzar en el progreso van a existir relaciones matemáticas o índices entre las varias realizaciones económicas, estos deberán, además de sostener relaciones más justas y aproximadas, ser cinéticas y ajustables. Aquí es donde el sistema de control y ajustes debe de ser permanentemente usado. Siempre siguiendo la misma orientación hacia el horizonte de lo absoluto buscado; un ideal al que aunque nunca se llegue en este mundo, hay que dar pasos hacia ello para progresar.

Lo importante repito, es la paz y la confianza en el futuro. Si se logra esta paz por medio de otras metodologías, pues en buena hora.

Lo que sugiero con respecto a tener un buen gobierno, al revés de lo que insisto en la parte económica, son mis apreciaciones no únicas con lo que debiera contar un buen gobierno, sobretodo en nuestros pueblos desheredados. En muchos países notamos como, no necesariamente con las mismas soluciones, que existe relativa tranquilidad, paz y fe en el futuro. Lo importante repito, es la paz y la confianza en el futuro. Si se logra esta paz por medio de otras metodologías, pues en buena hora.

En lo que si soy determinante, (de nuevo espacio/tiempo) es en que la única forma de mejorar al pobre es autofinanciándole proyectos buenos, vengan de quien vengan sobretodo los proyectos pequeños de los pobres. Estos sobran.

2.)- Mejoremos la Democracia

Básicamente tenemos que considerar de qué adolecen nuestros pueblos. Mientras no nos prueben lo contrario, y con hechos, tenemos que contar con la democracia para la estructuración de nuestras Gobiernos. La Democracia es una píldora e veces difícil de tragar; implica que aunque uno a veces no esté de acuerdo con ello, que se debe respetar a los gobiernos electos. Y muchas veces ello consiste al respetar al electo, respetar a la mayoría de los votantes, (aunque a veces no haya votado TODA la mayoría misma, esto cuando la votación no fuese obligatoria, en caso que lo fuese, el Estado deberá facilitar todas las circunstancias para que el pobre vote). El verdadero civismo de la Democracia está en reconocer a los electos por este medio aunque no se esté de acuerdo con su política, hasta que llegue el momento democrático de su remoción, o sea el final de su posición. Si no se está de acuerdo con él para muchos mal menor anterior, ni pensar en democracia, y como la democracia es la única que ha probado dar verdaderos gobiernos estables cuando esta no se rompe, olvidémonos de paz y de enriquecer al pobre; lo demás es quimera y más sufrimientos. Debemos sí tratar siempre de mejorarla y bien usarla, pero siempre acatarla en forma cívica aún en los casos que no estemos de acuerdo con los resultados mediatos.

Como expresé antes nada es estático. Que nunca se piense que la democracia aplicada no es una aproximación cinética. Tiene que ser adecuada constantemente en forma cambiante al espacio/tiempo, como lo expresó Haya de la Torre. El hecho que no funciona en el 100% de los casos no justifica nunca que debe ser cambiada y menos por un sistema o sistemas que ya han probado de verdad ser mucho PEORES. Lo que tenemos que hacer es repito, siempre tratar de mejorarla.

3.)- Respeto a la Propiedad Privada

El completo irrespeto al Derecho a la Propiedad es un factor negativísimo en el deseo del hombre de mejorarse en los países pobres. Está basado primordialmente en la envidia que despierta la propiedad privada (a veces fomentada en forma irresponsable y atropellando derechos), y por lo tanto la riqueza, porque se considera a la riqueza como mala y negativa, sobre todo si ha sido adquirida en formas exclusivistas y onerosas (que nunca siempre es el caso).

La riqueza es buena y deseable y el pobre es quien más la necesita. ¿De qué le sirve a una persona honrada trabajar para hacerse de o mejorar una explotación agrícola, ganadera o industrial, o una vivienda propia si mañana viene un mal gobierno y decide de un plumazo confiscar en forma demagógica lo que tanto costó?

En un ambiente donde la mayoría no tiene y desea tener, cualquier bocón puede despertar pasiones negativas como la envidia y la confusión y lograr por medio de métodos amorales despojar al que honestamente ha logrado propiedad privada a base de sacrificios y privaciones, mientras él y sus aláteres se llenan en formas onerosas, insaciables y despojadas de todo respeto al Derecho, de las riquezas y prebendas que ellos mismos atacaban. El hecho innegable que también ha despertado los mismos sentimientos de despojo es que también muchos amorales, han obtenido propiedad privada en formas deshonestas. Lo que sucede es que cuando estas pasiones se despiertan en formas irresponsables, no hay distinción entre el que tiene sus cosas bien habidas y el que no las tiene así, y las metodologías del usurpo carecen como dije, del más mínimo respeto a los Derechos verdaderos.

Quien paga por todo esto es el pobre.

Compréndase bien: A pesar de toda la euforia temporal desorganizada que produce el parcelar y entregarle al que no tiene algo, aunque sea robado, el proceso hace más daño que bien. Los irresponsables que fomentan los métodos amorales al no hacerlos en forma integral, ni importarles si se va a producir o no con lo robado, sino en enriquecerse ellos mismos, lo que logran si lo mal habido no se deja al letargo improductivo, es que el pobre venda, o alquile de por vida a precios irrisorios su pequeña parcela de propiedad dudosa, ya que la tierra si no se trabaja con todas las facilidades y en forma integral, no se puede comer. Y es que lo que sucede y ha sucedido en todos los países que han tenido esas parcelaciones —se ve aún en los que se tildan de revolucionarios en nuestra misma pobre América Latina. Lo que se ha creado son nuevas oligarquías, más ladronas que las anteriores, mientras el pobre sigue pereciendo y multiplicándose. Le venden o le alquilan de por vida a nuevos poderosos inescrupulosos, que ellos si tiene conexiones financieras y pueden hacer algo con lo robado. Véanse los nuevos grandes fundos y las nuevas haciendas. ¿Y el pobre qué?...

La única forma de evitar lo anterior es teniéndole el debido respeto a la honestamente habida propiedad privada y facilitando las debidas financiaciones (parte de ellas pueden ser la adquisición de tierras), para poder adquirir y/o aumentar activos basándose en lo que explico: En la bondad del proyecto y auto endeudarse exclusivamente para producir, nunca en hipotecas exclusivistas que hacen del capitalismo una razón equívoca de explotación del pobre, cuando en verdad no lo es. Lo que más abunda en los países del Tercer Mundo son proyectos buenísimos que el pobre no los puede llevar a cabo por falta de adecuada financiación. La Revolución Francesa y el mismo sistema capitalista norteamericano, el verdadero plasmador de los cambios, nacieron para justamente oponerse a la explotación del pobre por la nobleza. Es paradójico que ahora se quiera convertir a esta inquietud sana que costó tantas vidas y sacrificios, en una explotación más del hombre común. Y más que nada nuestros pueblos necesitan de funcionarios competentes con el debido pundonor de sus cargos, lo cual se logra con un sistema sólido que dé confianza y esperanza para todo aquél quien desee trabajar para mejorarse, enriquecerse y por lo tanto poder tener aquello que distingue al hombre del animal: La propiedad privada.

4.)- Las consultas Populares.

Las consultas populares más periódicas y la remoción democrática que sugiero tienden a eliminar lo antedicho, ya que cualquier funcionario pudiese ser destituido en cualquier momento por el voto. Por supuesto que va a ser necesario de adelantos electrónicos en las consultas populares periódicas. ¿Y para qué están entonces los Bill Gates y similares? Nada de esto es imposible y es mucho más factible de lo que se cree. Es básico e indispensable para todos los cambios sugeridos que las consultas populares sean menos engorrosas y de sencillo mecanismo.

Las relaciones deseo popular, atracción por el individuo, acatamiento del mandato de las masas, convencimiento del mandato mismo de las masas, eternización de los problemas mismos al momento de la elección, adaptabilidad del elegido al deseo de los electores sobretodo con respecto al tiempo cambiante, honestidad de cumplimiento de los mandatos en el elegido, etc., etc., parecen hacer de la democracia una farsa quimérica. La verdad es que en la relatividad en que vivimos NO lo es. Los países que la practican, dentro de esa misma relatividad de este mundo, tienen el mayor grado, no solo de desarrollo, sino de libertad y búsqueda de felicidad de sus pueblos. De nuevo no quiero decir que la Democracia, sobretodo en el llamado Tercer Mundo de los pueblos pobres, no debe ser mejorada. Defectos aparentes que son abusados por minorías en contra de los pueblos son por ejemplo, que el elegido no cumple con las promesas y/o mandato por el cual fue electo. O que por la razón que fuere el pueblo cambia de opinión con respecto a quien detenta su representación y desea reponerlo y destituirlo en cualquier momento.

Los candidatos presentan a la hora de estas elecciones periódicas solo sus caras positivas, y en medio de gastos superfluos, hasta dejan de hacer gestiones en las que ellos creen por temor a no salir electos. La no reelección o limitación de períodos creo que es una cura mediocre y desfasada para ese mal, en cambio lo que yo propongo, una vez que se agudicen los avances electrónicos, la posible reprobación popular constante es una espada de Damocles positiva.

Lo normal en estos tiempos es que se tenga que aguantar al elegido hasta el final de su período electivo, o que llegue un generalote o un pseudo líder popular, que probablemente en la mayoría de los casos se convierta en nuevo dictador insigne, y se dé un golpe de estado o asonada de cambio de gobierno, o que el mismo elegido irrespetando los derechos del pueblo se convierta en otro dictador mas. Lo único que se logra con estos sucesos es detener y hasta retroceder el desarrollo, y siempre es el pobre el que paga.

Es el pobre el que paga por estas estupideces porque quien tiene dinero, o huye o se convierte en adulador acomodaticio a la nueva dictadura y recomienza el nuevo ciclo de olas de prebendas y enriquecimientos amorales a base de sobornos y explotaciones que son muchas veces basadas en aprovechamientos de complejos mezquinos como de razas o supuestos estratos sociales o simplemente saciar ansias bastardas de robo y enriquecimiento ilegal. En cambio el pobre sufre y se empobrece más mientras los ladrones roban.

Yo propongo como lo expresé antes, que en cualquier momento se pueda remover a cualquier funcionario por medio del voto.

Lo anterior implica, primero una mayor periodicidad en las consultas populares, y segundo mayores facilidades y/o adelantos eficientes en las consultas mismas. La industria electrónica ha progresado en tal forma, que ya se hacen enormes traslados de dineros en forma electrónica. Yo quiero hacer un llamado a los inventivos en estas ludes para que diseñen un sistema que llene todas las mencionadas aspiraciones. No está pegado en ninguna nube, y este reto les dará un sitio distinguido en la historia amén de muy probables remuneraciones económicas. Lo importante es que un sistema así haría sumamente difícil el abuso de poder en contra del pobre y más felicidad a la humanidad en general.

5.)- Una sola Cámara de Representantes del Pueblo.

Demás está argumentar en contra del copiado sistema bicameral de gran parte de los países del tercer mundo. Este creo que nació en Inglaterra para no poder quitarles todos los poderes abusivos y tradicionales y todas las prebendas a los nobles se creó la Casa de los Lores (The House of Lords) y para los representantes del pueblo la Casa de los Comunes (The House of Commons). En los Estados Unidos y como un compromiso mediador (además del sistema enredado de Electores), y para darle personería iguales a los Estados en la entonces más medio verdadera Federación, se creó el Senado (dos senadores por Estado), además de los electos por población (un voto por cada persona), la Casa de Representantes (The House of Representatives). Los países del Tercer Mundo, como buenos copiadores (de nuevo según Haya), copiaron desde modos de vestir hasta estos sistemas innecesarios. La verdad es que no necesitan de todas estas complicaciones y el principio generalizado de la representación de un voto por persona debe ser la única pauta a seguir. Ahora que electrónicamente se suma bien, el voto de cada representante electo debería de valer por el número de votos de las personas que se preocuparon en elegirlo dándole la mayoría. Y es a ellos a quien se debe.

Al proceso que mencioné antes, que en cualquier momento cualquier funcionario pueda ser removido de su cargo, aunque sea una elección local y la remoción pueda ser nacional, debe dársele las debidas justas consideraciones y regulaciones para que se mantenga el principio básico: Que si la mayoría de un pueblo no desea a cualquier funcionario, electo o nombrado, éste pueda ser destituido en cualquier momento. La metodología debe de estudiarse con más detalle, pero el Principio debe de estar allí. Yo sugiero una comisión especializada de la redacción y regulación de todos estos modus operandis.

6.- Evitar los tan comunes cambios bruscos de Gobierno.

Sugiero además, para que se piense más de dos veces antes de dar esos golpes de Estado o revoluciones tan comunes en los países del Tercer Mudo y cometer los atropellos que se cometen (aún con un buen fin), que exista una Corte o Magisterio de Jueces apropiados, para que una vez que se rompa la ya sólida Constitución, (con la cual se pueda usar del voto para remover), se pueda reunir de emergencia, EN CUALQUIER LUGAR, para dictar la sentencia apropiada a una traición como tal, y pueda así delegar la ejecución de la misma a cualquier ciudadano(s), aunque sea de muerte, convirtiendo a éste en un ejecutor legal, protegido y hasta premiado por las leyes, por cumplir la misma. Esta Corte Especial podrá estar formada por funcionarios que ya detenten otros cargos, y se debe de tener en cuenta entre los prerrequisitos de sus miembros la edad y sapiencia, así como la facilidad de poder llevar a cabo su acometido en forma rápida.

La explotación por una asonada de éstas bajo el pretexto que se le quiera dar, es un crimen de tal envergadura, no solo por las muertes que generalmente acompañan a estos andares, sino por la pobreza que incrementa a los pueblos, que la pena de muerte según yo, es más que merecida para los autores de tales atrocidades, y el(los) ejecutor(es) de dichas sentencias debieran de ser premiados, lejos de ser castigados. Casi al estilo de las oficinas postales del Lejano Oeste donde se ponían anuncios o carteles de recompensas por la captura de criminales "vivo o muerto". ¡Mucho cuidado con confundir la usurpación de todos los Derechos con otros hechos bastardos para la aplicación de penas y cárceles como pretextos amoralmente usados! Para eso los monstruos no necesitan verdaderos pretextos. Les basta y sobra como ya la historia reciente lo ha visto, con solo ordenar paredones e indiscriminada y caprichosamente aplicar el asesinato bajo pretextos de justicia malentendidos.

7.)- Toda relación del Estado con el Individuo debe de ser objeto de Licencias con sus debidos exámenes.

Algo que se tiene en condiciones medio turbias en el actual proceso democrático es la relación del Estado con el Individuo. El Estado es un simple Guardián de los intereses del pueblo. Cada vez que un individuo toca algo o interviene en algo en lo que tiene intereses la comunidad, el Estado tiene que resguardar que se mantengan los derechos de ésta, es decir que exista un balance o equilibrio (que también varía con el tiempo) entre la Comunidad y el Individuo. Para poner un ejemplo sencillo y claro saquemos a colación el manejar un automóvil. El individuo necesita de un automóvil para transportarse de un sitio a otro. Debiera talvez ser un derecho del individuo el poderlo hacer en forma completamente libre; pero no lo es. Al manejar el automóvil tiene que hacerlo en una carretera construida por la comunidad. Tiene que cuidar de transeúntes de a pié que no deben ser atropellados por un automóvil; debe de cuidarse de no creerse dueño único de la carretera en detrimentos de otros automóviles y evitar choques y accidentes entre sí, hasta llegar a una común decisión de por qué lado se transita para evitar estos accidentes, amén de cuando detenerse en las esquinas y miles de otros cuidados más que el individuo debe tener conocimientos. Razón de los exámenes previos a cada licencia para conducir.

¿Qué significa todo esto? Que el derecho de la comunidad tiene precedencia al derecho del individuo. El Estado permite al Individuo transitar e involucrarse con la comunidad a base de un permiso o Licencia. El individuo tiene Derecho como miembro de la comunidad a ésta Licencia, pero el Estado salvaguardando los derechos prioritarios de la comunidad tiene el deber de regular estas Licencias. El conducir por lo tanto se convierte en un Privilegio, no en un Derecho.

La anterior diferencia es para mí uno de los trabalenguas de la semántica; la Licencia viene a ser nada más que un Derecho regulado y limitado por el Estado. Es ya sabido que donde termina el derecho de uno, comienza el de otro. El derecho del individuo de manejar su coche a como le dé la gana termina donde comienza el Derecho de la Comunidad a resguardar su seguridad y tranquilidad. Es más, si las regulaciones de este derecho limitado llamado Licencia no son respetadas por el individuo, el Estado tiene el deber de REVOCAR LA LICENCIA además de penar al individuo por crímenes y abusos cometidos por el mal uso de esa licencia. En otras palabras por no acatar las Regulaciones de la misma.

En la misma forma que el ejemplo de la Licencia para manejar autos se debe tratar -dentro de los límites de la cordura y el buen uso- CUALQUIER otra relación del individuo con el Estado. Aquí incluyo TODA relación o actividad. La gran mayoría de las actividades son de la relación del Individuo con la Comunidad. Según mi opinión, a las relaciones antedichas no se les ha DADO la importancia que merecen. Primero, las Licencias deben ser ASCEQUIBLES a TODOS por IGUAL, nunca en formas exclusivistas a grupos o individuos privilegiados. Segundo, el presunto acreedor a una licencia debe ser conocedor de la materia en la cual se quiere involucrar; lo que significa al igual que nuestro caso del automóvil, estudiar o conocer la materia o actividad específica (tomar clases de manejo) y tercero, por supuesto pasar un examen para que el Estado sepa a cierta que el dueño de la licencia sepa lo que está haciendo, (que el futuro chofer sea conocedor de las leyes de tránsito y además sepa conducir un automóvil). Aunque en menor grado, una licencia para manejar pueda ser amañada en detrimento de la Sociedad, existen otras actividades que debieran ser objeto de licencias y no lo son, que sí exhiben mayores tentaciones para los que buscan los caminos turbios sin importarles un bledo los pueblos, lo que implica otra característica que tienen las Licencias: Castigos penales ejemplares para los que traten de burlar el proceso.

El conocimiento de la materia tiene que ser el MINIMO NECESARIO; un Ministro o Secretario de Agricultura no tiene que saber, como un ejemplo, el nombre latín de las plagas del algodón. Todos estos parámetros cambiantes deben ser objeto de perenne adecuación. Los exámenes NUNCA se deben prestar para ser objeto discriminatorio; lo anterior sería también un crimen que debe tener sus Regulaciones y debidos castigos. El negar una Licencia con el pretexto que ello significaría darle mayores oportunidades a los que buscan quebrantar derechos y abusar, es como decir que no se debe tener un cuchillo en la cocina porque un cuchillo puede degollar y ser medio para matar. Al revés, se debe promover el buen uso del cuchillo y se debe de castigar, como ya se hace, cualquier crimen que se cometa con ese instrumento en vez de prohibir el uso del cuchillo.

La verdad es como dije antes; el privilegio y el derecho se pueden prestar a confusiones de orden semántico. El hecho mismo de ser miembro de una Sociedad implica que existen derechos prioritarios de la Sociedad que se deben respetar. De aquí viene el nacimiento de las leyes (¡y por supuesto de los abogados!). Exageración sería por ejemplo, (además que sobrepasaría los límites de la cordura y el buen uso), la necesidad de obtener una Licencia para poder transitar por una acera o un parque; después de todo esa actividad implica una relación del individuo con el Estado. Recordemos que en este mundo relativo todo es pasajero y las soluciones son búsquedas y sugeridas aproximaciones, no encuentros. Lo pésimo es el creer en lo estático de la vida y sus regulaciones; todo debe ser cinético y cambiante; lo único absoluto en este mundo pueden ser las metas. Las cuales como todo progreso: horizontes, hacia los cuales hay que buscarlos direccionalmente aunque nunca se alcancen. El enredo del mundo consiste en dar soluciones absolutas a etapas inestables. (El mismo hecho que el hombre busque aún equivocadamente, soluciones absolutas para este mundo cambiante podría ser una prueba más que somos del mas allá; en el Infinito sí, todo es absoluto). Sin embargo existen relaciones del individuo con el Estado que debieran ser bien estudiadas por el individuo antes de pecar, aunque sea ignorantemente contra la sociedad. Ya los eruditos lo han pregonado: "la ignorancia de las leyes no es excusa para el incumplimiento de las mismas". Me refiero como antes, a las actividades que debieran requerir Licencia basados en los mismos paralelos. Algunas ya las requieren, pero el punto para mí es que no se le ha dado la importancia debida a ésta relación. Según yo, aunque sé que muchos me van a contradecir, ha sido tratada en una forma casi "pegosteada" (parchada). En una revisión para mejorar la Democracia debe dársela mayor objeto de estudio, enumeraré algunas de las que yo considero principales:

a.-La Agricultura y Similares Explotaciones del Agro.
Refirámonos a unas de las más preciadas dedicaciones de los países pobres que son la Agricultura y la Ganadería. Estos rubros son tan halagadores, no solo por lo primitivo que aparentan ser, sino por lo atractivo que en muchas ramas tienen la relación costo/beneficio. Definitivamente que un país pobre ya tiene bastante educación básica para dedicarse a la Agricultura. Siempre y cuando la actividad no esté en riña con la comunidad y las generaciones venideras; y no tiene por qué estarlo si se siguen prácticas sanas. Información y educación sencilla en ellas, es la que deben dar los buenos gobiernos; educación que como lo vemos a diario, el agricultor campesino está ávido de aprender nuevas metodologías y ponerlas entusiastamente en práctica. Está probado que muchos cultivos intensivos que en un principio son halagadores, si no se observan las buenas prácticas, a la larga, que nos interesa como sociedad si pensamos en nuestros nietos, son altamente perjudiciales para la supervivencia del hombre en el planeta tierra.

No nos estamos refiriendo a un ambiente cerrado controlado por el individuo el cual no existe, sino de como actividades individuales pueden, no solo afectar enormemente a otros individuos en el presente, pero que además pueden ser altamente perjudiciales para futuras generaciones. El uso a veces generalizado y exagerado de ciertos insecticidas para controlar plagas, además de hacerlas resistentes proporcionalmente a la periodicidad del uso, ha causado desastres ambientales muchos de los cuales son irreversibles; desaparición de ríos, erosión, envenenamiento de desagües, etc., ya que los insecticidas o sus residuos antes de ir a parar al mar, (cuya polución también debiera ser regulada internacionalmente) van dejando huellas negativas en todo su recorrido, con gran peligro para especies de fauna y flora, muchas de las cuales sirven de alimento básico al pobre, y envenenamiento de aguas de irrigación para irrigar alimentos del mismo hombre además del agua que se toma.

Todo lo anterior no significa que la agricultura como un rubro de sumo interés para los pueblos debe ser abandonada; por el contrario debe ser fomentada, pero en formas reguladas y licenciadas para el bien. En las explotaciones agrícolas donde se tiene que usar de la mano de obra cíclica no perenne y por tiempo limitado, la reglamentación deberá defender los derechos mínimos del jornalero.

Me recuerdo lo que me decía mi hijo Marcel (q.e.p.d.) respecto a los trabajadores en las recolecciones del café y el algodón: "Es increíble papá, como los bancos y las Instituciones Internacionales presten dineros para caballerías, corrales y salas de ordeño y no presten para construir Galerones y dormitorios con facilidades para que el peón pueda realizar sus labores en relativa higiene y comodidad". Estas facilidades físicas deben ser parte del costo de inversión del proyecto agrícola mismo.

La Avicultura por ejemplo es una actividad que algunas veces debe de ser más regulada. Incidencias con Zonificación, relación con desechos y vecinos, toxicidad ambiental, ruidos, sanidad, etc. Con ello me refiero también a cualquier otra Actividad que tenga que ver con la explotación del hombre de otras aves, caballos o cualquier otro animal doméstico o salvaje,

La Cacería ya sea como deporte a como necesidad, necesita también el establecimiento de parámetros que protejan los derechos de la sociedad. Aunque la cacería fue en un tiempo casi indispensable para la supervivencia del hombre, en estos instantes de espacio/tiempo, se ha convertido en una especie de carnicería que ha culminado en la desaparición de muchas especies de animales y en el peligro de la desaparición de otras. Tiene que ser regulada, inclusive para los que dependen de ella para el diario sustento para su misma conveniencia, ya que en la forma como se ostenta significa la virtual desaparición de especies como los venados, pavones y otras, que sirven para la alimentación del pobre. Creo que la educación e información exhaustiva, con miras hacia la eternización de la misma es de suma importancia. Enseñaría sobre las conveniencias de una reglamentación de la cacería y de lo peligroso y negativo que son los cambios en el balance natural de las especies controlando las matanzas desordenadas.

b.-Explotación de Bosques y Maderas Preciosas.

La explotación de Bosques tiene que seguir normas estrictas para evitar, además de los mismos, la destrucción ambiental y posibles malas incidencias en la fauna, flora y el clima en general. Lo que antes se consideró como una riqueza no renovable, en estos tiempos, por la misma supervivencia debe ser considerada como una riqueza necesaria y sumamente renovable. Existen disciplinas combinadas con gramíneas y ganadería que respetan como un ejemplo, las cumbres y los lechos de los valles o ríos y conservación de las especies de flora y fauna

c.-El manejo o pilotaje de cualquier vehículo.

Esta actividad, que generalmente ya está reglamentada, significa igualmente que deben respetarse los derechos de la comunidad. Basta con solo adecuar reglas existentes, inclusive en otros países; digiriendo, no a ciegas, las circunstancias de cada región. Esto va para todo vehículo que transite en aire mar o tierra.

d)- Manufacturas e Industrias.

El rubro tan deseado: Industrializar a un país pobre. Para que esta actividad sea permanente y eficiente necesita de la reglamentación correspondiente de sus operaciones. Si no es así se convierte en nada más que una quimera. Buena para cierto tiempo al principio, pero mala en cuanto a la permanencia de la industrialización misma. Lo interesante es que es necesaria. A muchos egoístas que quieren hacer su agosto en formas rápidas sin importarles las generaciones venideras, les importa poco menos el respeto a los derechos ajenos. Entre ellos están la protección del ambiente y sobretodo los derechos de los trabajadores y su consecuente explotación indebida. Estoy convencido que el trabajador como parte sumamente importante en el proceso de la conversión de energía (Materia prima a producto terminado) debe de tener la oportunidad de llegar a ser dueño. Hacia el logro de esta meta es que se deben de regir las búsquedas de soluciones; de nuevo en formas voluntarias, nunca forzadas por ningún sistema por utópico que parezca en un principio, pero sumamente dañino a la larga.

Hemos visto por ejemplo como los comunistas y sus allegados, una vez que tienen el poder en la mano se olvidan completamente del obrero. Anulan a los sindicatos y todos los derechos del que suda. Una reglamentación adecuada es lo conveniente para un país pobre que deseé producir en paz. En cuanto a la protección del ambiente, las industrias debieran tener mucho cuidado en cuanto a los desechos y productos satélites, ya sean estos gases, líquidos o sólidos.

Mucho se puede aprender de los países desarrollados referente a esta situación y como expliqué antes existe muy buena anuencia de parte de los países ricos el instruir y compartir sus avances en la forma de tratar la polución industrial para el bien de la comunidad; más aún en estos tiempos ya que se nota con mayor énfasis que somos un solo mundo, y los males pueden tener incidencias en clima y ambiente en todo el orbe; destrucción del ozono, contaminaciones en los mares, destrucción de los bosques, etc., etc.

Las licencias que se otorguen a manufacturas e industrias deben de reglamentarse en cuanto a lo que concierne a la comunidad. Ya sea relacionado con la contaminación ambiental como a las relaciones obrero/patronales, (higiene, buen trato, sindicatos, posibles participaciones en ganancias etc.).

Repitiendo, aquí sugiero más adelante como solución la meta de convertir, si éste lo desea, al obrero en dueño si trabaja en industrias que deseen incorporarse al programa sugerido, pero sí además de eso se les ofrece en su mismo trabajo, participación en las utilidades, como muchas industrias ya lo hacen, pues en buena hora.

Para los retrógrados que alegan que no podrían competir internacionalmente con productos producidos en formas más baratas por el bajo aporte de la mano de obra de otros países donde se explota al pobre, yo reposto, primero que para eso debieran de estar las Naciones Unidas, para tratar de remediar anomalías de ese estilo y, segundo que tarde o temprano se nivelarán las condiciones de trabajo en el mundo ya que el explotador no podrá subsistir en un verdadero mercado que esté libre y universalmente condicionado (calidad, etc.) y tercero, si en última instancia si se tiene que explotar a nuestro trabajador o campesino para competir internacionalmente, mejor salgámonos de ese rubro, que los resultados generalizados son mucho peores si se basan en esas temporales explotaciones. Ya nos lo ha enseñado la historia. Además en nuestros países pobres, sobran proyectos y rubros buenos, busquemos e investiguemos. Nuestro ingenio es lo que nos distingue.

e.- Las Licencias Profesionales.

Las Licencias para que los profesionales (diplomas) ejerzan su profesión son basadas en exámenes que ya se hacen, como es conocido por todos. Debiera servir este rubro como ejemplo de cómo deberán ser tratadas TODAS las relaciones del individuo con la comunidad. A un doctor en medicina, o dentista, o abogado le es posible perder su Licencia al quebrantar, desacatar o mal usar los derechos y deberes que atañen a su profesión. Los exámenes implican una prueba del conocimiento de la materia con la cual se relacionará con la Sociedad. En el caso de los estudios de profesiones especializadas los estudios pueden ser más intensos que en el caso de otras actividades; pero todo individuo que se movilice en relaciones que atañen a la comunidad, tiene el deber de saber y tener conocimientos de su actividad y de las reglamentaciones que señalen los respectivos deberes y derechos. La Sociedad asimismo tiene el deber de exigir que se conozcan y se cumplan estos conocimientos. Muchos se equivocan al creer que las Licencias se otorgan por solamente pasar exámenes; no basta con el conocimiento de la materia en cuestión y de los deberes y derechos o leyes. El cumplimiento y seguimiento de los mismos puede ser hasta a veces más importante.

En general los profesionales además de pasar los exámenes de rigor, deben conocer de los peligros, si los hay, con los desperdicios o de cualquier otro factor dañino en el curso de su trabajo, ya sea polución o de cualquier otra forma. Acerca de los abusos que se puedan cometer en cuanto a remuneraciones profesionales, cuando exista una verdadera competencia leal en un mercado libre de oferta y demanda, el Estado no deberá interferir en el proceso puro de ello. Pero cuando alguno de los factores de la oferta y la demanda es afectado por situaciones que no reflejan una situación real, por ejemplo el verdadero peculio del individuo o cliente, sino una disponibilidad rápida de fondos por medio de seguros del Estado, los que al final son siempre pagados por el usuario, esta situación de la oferta no es la real ya que la liquidez mediata es una oferta rica y abundante que en verdad es falsa ya que no representa la verdadera riqueza de los pacientes o clientes en forma individual; circunstancia que es aprovechada en forma desequilibrada o injusta por el cobro altamente desproporcionados por servicios profesionales. Este mismo mercado de oferta y demanda es afectado también en los casos en que los profesionales hacen pactos dolosos de tarifas monopólicas para sus servicios, algo que está en contra de la oferta y la demanda, ya que los monopolios fijan el precio de sus productos o servicios, haciendo caso omiso a la competencia. Esta práctica definitivamente no es democrática. Todos los mencionados son factores dolosos y malos que el Estado, como buen Fiscal, debe de regular. Recomiendo el mismo Remedio de la Comisión Ad Hoc con las regulaciones por supuestos variantes para cada caso, que dependan del comportamiento de las mismas en la historia de sus acatamientos. Esta misma filosofía deberá ser aplicada para todos los profesionales, sean estos dentistas, fotógrafos, abogados y médicos, así como todos los "ólogos, istas", y otros del estilo.

f.- La libre Expresión y/o Periodismo.

Considero al Periodismo como una Profesión casi única en el sentido triste en que se encuentra por el momento; casi siempre entre dos males grandes de los cuales hay que escoger el menor. La parte conocimientos de la profesión no implica mayores estudios sobre la materia para obtener una Licencia; más no es así en la parte de la ejecución de la misma por los factores que enumero enseguida. Primordialmente el Periodismo consiste en debidamente y en lo que pueda verazmente, informar; y que todos los ciudadanos tengan en las mismas condiciones los mismos deberes y derechos de comunicar sus inquietudes y modos de pensar. Para esto se necesita que todos los individuos tengan la misma disponibilidad a los medios de publicidad. Sabemos que es imposible que todos los individuos puedan tener siempre disponibilidad de los medios de publicidad. El primer mal es que entonces la Libertad de Expresión se convierte en LIBERTAD DE DUEÑOS DE MEDIOS DE COMUNICACION, no de los individuos, quienes son la mayoría de las veces discriminados si no están en acuerdo con los modos de pensar de los dueños, a pesar que se trata de una libertad y relación con la comunidad que NUNCA DEBIERA SER EXCLUSIVISTA. Si examinamos el otro lado de la moneda, el otro mal. Al llegar a la conclusión que ningún particular debiera ser dueño y señor de ningún medio de comunicación, el único que entonces podría ser el intérprete del individuo sería el Estado; lo que significa que estaríamos convirtiendo al Estado en administrador de una empresa y controlador de medios. Ya hemos visto en la historia, y actualmente en los casos de fracaso de dictaduras comunistas o de cualquier tipo, como se han convertido estas situaciones en efectivas leyes de mordaza y herramientas de presión que atentan contra el libre albedrío.

Se ha tratado que los Estados tengan a su disposición "cadenas nacionales, televisiones estatales," etc. "como "medios", que sirvan de canal o válvula de escape con el fin que se escuchen diferentes opiniones. Todo ello ha sido una solución con resultados negativos o sumamente dudosos. Factores estrictamente de índole actividad privada y que ejercen gran incidencia en el negocio son por ejemplo, la venta de publicidad, o la distribución del producto. Como se dijo antes, las soluciones son búsquedas y no encuentros. Hay que siempre buscar el mal menor. Quizás los nuevos avances electrónicos como la Internet, sean una esperanza para que la Libertad de Expresión sea verdaderamente justa. No estará lejos el tiempo en que la electrónica se popularice y sea accesible a todo el pueblo y cualquiera dentro de sus derechos, pueda leer y opinar libremente. Mientras tanto estamos en la triste situación de tener que escoger un mal menor, que sería la libertad de dueños de medios de comunicación. Lo que se desea es que estos tuvieran el don, casi divino de ser verdaderamente imparciales.

g.- Los puestos o Posiciones Públicas.

Un puesto público es quizás una posición donde más se debieran observar y respetar las relaciones del Individuo con el Estado o Comunidad y por lo tanto donde se debiera esgrimir más la necesidad de una Licencia para detentarla o ser candidato para ello. Por razones que ignoro es justamente donde yo creo que no se ha tomado este interés del todo. Para mí un candidato debe saber tanto o más de lo que está por hacer, de lo que debe saber un chofer de como manejar un automóvil, y por lo tanto necesita de la Licencia correspondiente. Por supuesto que cada posición requiere diferente saber, y un candidato a la Presidencia de la República no necesita conocer de las enfermedades más corrientes del ganado, en cambio un candidato a Ministro o Secretario de Agricultura talvez sí. Las pruebas más elementales que se pedirían a un candidato a la Presidencia pudiesen ser más sencillas en cuanto a conocimientos tangibles y quizás más de orden psicológico o sociológico o relaciones internacionales. Todo tiene que comenzarse con algo y al principio puede haber mucha cabalgata a ciegas. Nunca habrá de cansarse en cambiar y adecuar cualquier examen cuando se descubra que este no es ciento por ciento compatible con la Licencia que se busca; usar el sistema de control y ajustes.

Tenemos que recordar que el conocimiento que se desea es el "MINIMO NECESARIO"; este conocimiento puede ser objeto de múltiples interpretaciones, teniendo en mente siempre el fin o meta de cada enmienda sugerida que se le quiera hacer al sistema democrático, que debe siempre ser para el BIEN de los pueblos. Simplificarlo y agilizarlo, nunca complicarlo. Si se encuentra que algo dificulta y enreda, ello significa que simplemente va en contra de la razón por la cual se diseñó, lo que implica que la forma, no el fondo, debe ser debidamente adecuada y enmendada a la finalidad deseada; ello debe ser siempre posible. Siempre las soluciones estriban en el viejo dicho popular que dice "es cuestión de hallarle el acomodo".

Los Representantes en la Asamblea por ejemplo, forman Comisiones que debieran ser básicamente especializadas. Las personas que llegan a ser parte de ellas debieran de tener un elemental conocimiento de su actividad. Sugiero definitivamente exámenes adicionales para cualquiera que lleve a cabo actividades que tengan que ver con la Comunidad, máxime si son parte del Poder llamado Legislativo.

La tal separación de los Tres Poderes, el Ejecutivo, el Legislativo y el Judicial tuvo su razón de ser. Está basada en el contemplación intrínseca de las debilidades del hombre. El Ejecutivo es el que administra y ejecuta, el Legislativo las leyes, y las regulaciones de los deberes y derechos del individuo con la comunidad y entre sí, y el Poder Judicial es el que determina cuando estos son quebrantados y de acuerdo juzga estos procederes determinando la culpabilidad del individuo o la culpabilidad de la comunidad, o sea la inocencia del individuo. La idea que fuese independiente viene del deseo de que no tengan injerencias entre sí, el que administra, el que regula y el que juzga, con el objeto que puedan llevar a cabo con mayor honestidad e independencia sus respectivas responsabilidades.

Las realidades son otras; no existe la tal completa independencia entre los Poderes, sobre todo entre el Ejecutivo y el Legislativo. Más bien ahora se busca que la democracia funcione a base de mayor cooperación entre ellos, porque después de todo se relacionan sus actividades en un mismo ambiente y son responsables a un mismo patrón: El pueblo. Cuando por ejemplo se descubren enormes discrepancias entre el Ejecutivo y el Legislativo, sucede que en los países poco desarrollados las desavenencias pueden ser tales, que resulta muchas veces por el hecho que el Ejecutivo administra las armas, en la disolución de los llamados Parlamentos o Congresos, o en los países mas "civilizados" en la creación de Comisiones coordinadoras, las cuales aunque a veces logran sus propósitos coordinadores, lo hacen en formas retrógradas y engorrosas; problemas que nunca hubiesen existido con mayor comunicación.

Yo propongo, por el hecho que la Justicia debe ser "ciega" y talvez por el hecho de espacio/tiempo, que se mantenga esa media farsa de la independencia del sistema Judicial, (sin que este nunca se abrogue, como ahora se ve algunas veces, poderes ejecutivos), pero que exista mucho mayor relación entre lo que hoy llamamos poderes Legislativo y Ejecutivo, sin que haya los "salva cara" o testaferros o "presta nombre", de por ejemplo, las limitaciones entre ellos de declarar la guerra y otras tantas que de por sí indican que debieran ser la misma cooperación de finalidades que solo son los intereses del pueblo.

XI.- MECANISMOS AQUÍ DESCRITOS PARA EL BIENESTAR ECONÓMICO SOLO SE LOGRAN CON BUENOS GOBIERNOS EN AMBIENTES DE PAZ.

Para todos los demás enfoques que tenga la vida se deberá tener el mismo marco mental al buscar las soluciones. Este debe de ser basado en siempre tratar de orientar todas las miras en las premisas sólidas de la busca de la felicidad en Paz. Están sumamente, pero completamente errados los que crean que esto es una cosa poética y no tangible. TODAS las representaciones llamadas reales o tangibles, SIEMPRE han tratado, consciente o inconscientemente, de reflejar situaciones intangibles o de sueños románticos. Esta ha sido la búsqueda vana de los sistemas monetarios y por lo tanto de la misma riqueza; situaciones de producción en ambientes propicios. El que pretenda olvidar ésta premisa es el que verdaderamente vive en la luna.

Son simplemente circunstancias atávicas las creadas por posturas erradas que rayan en chauvinismos irredentos los que se la quieran dar de "prácticos" eliminando lo más práctico que hay, que es la tranquilidad y todo aquello que haga respirar belleza al espíritu. Existen quienes, con maldad o no, hasta fomentan estas situaciones que al final terminan en las sumamente y verdaderas tangibles de hambre, pobreza y explotaciones.

Lo que más necesitan nuestros pueblos es de buenos Gobiernos. De nada sirve un buen sistema económico si no detenta un buen Gobierno. Y sobre todo en el caso actual de lo sugerido que es a base de Deuda Interna que para que funcione. o sea que le podamos por decirlo así, prestar al futuro para suplir al presente, se necesita de algo que solo un buen Gobierno puede garantizar: Que sus ciudadanos estén contentos y en Paz; la Fe y Esperanza en el futuro que resultan de la buena administración gubernamental.

Lo absoluto e ideal sería que los pueblos siempre supieran lo que quieren en cuyo caso las votaciones o expresiones de los pueblos serian casi unánimes, y que los gobiernos o gobernantes en todo momento expresaran estos deseos y que nunca se equivocaran. Esto, aunque sea una meta absoluta, en lo relativo y actual no es posible en la tierra.

Considero que entre las búsquedas hacia ese fin, la democracia, como expresé antes, es lo más avanzado hacia ese horizonte; sin embargo nunca la consideremos estática y siempre será incipiente y necesitará siempre de cambios y ajustes.

La mayoría de los sistemas de gobierno de los países pobres han sido copias burdas sin digestión y sin adaptación de espacio y tiempo. Aún en los países desarrollados las democracias están siendo siempre sujetas a cambios y revisiones. Con los avances acelerados actuales, estos cambios para que no sean desfasados también tienen que ser acelerados. Tratemos de darles a nuestros pueblos constituciones ágiles y no acomodaticias.

Entre los puntos de suma importancia existe uno que repito varias veces en este pequeño tratado; que debiéramos sujetar nuestras búsquedas en el hecho que siempre los pueblos saben lo que NO quieren en vez de basar nuestros sistemas en la falsa premisa que los pueblos saben lo que quieren, como son los actuales.

De lo anterior han salido soluciones como limitaciones de periodos, pactos entre partidos dividiéndose gobiernos (que para mí son antidemocráticos), coeficientes electorales que no representan las voluntades electorales, etc., etc. Cuando con una sencilla consulta perenne cualquier miembro electo o nombrado deberá renunciar y ser retirado en cualquier momento que un pueblo sienta que dicho miembro NO llene sus aspiraciones. La consulta electoral al ser sencilla deberá expresar a quien se quiere sustituir y por quién. Debiera de considerar la industria electrónica priorativamente, satisfacer estos estas necesidades urgentes de los pueblos.

Otro punto que yo considero digno de ser revisado (como expliqué anteriormente) es lo que atañe a las relaciones entre el individuo y la comunidad. Estos privilegios y/o licencias debieran ser cinéticamente revisados y justicieramente regulados. No todo mundo tiene el derecho de conducir un automóvil, o vender licores o fabricar explosivos, como ejemplos. Sabemos que todo principio está lleno de escombros y que los primeros exámenes para candidatos van a ser objetos de abusos y muchos otros defectos, pero con el tiempo y la repetición, como todos los procesos nuevos, se irán mejorando; lo peor sería no hacerlos.

Toda actividad creativa redunda en riqueza. Hay que regresar a las cosas básicas. A quien se construye un techo no le cae la lluvia. Quien siembra cosecha. Quien nada no se ahoga. Y al revés, quien trata, por cualquier conocimiento sofisticado que sea, de vivir de los demás es un parásito que no debiera ser premiado. Todas estas son las búsquedas deseadas y axiomas tan obvios que pareciera mentira que hubiera que preocuparnos por ellos, pero talvez en formas sutiles son al final las verdaderas razones por las cuales existen estados lamentables para muchos grupos discriminados.

El mecanismo de trueque de las producciones se debe de llevar a cabo en la forma menos injusta posible; se estima que hay que respetar y seguir siempre en lo que más se pueda el principio sencillo que lo que más se necesita tiene mayor deseo.

Ya podremos a base de esperanzas fundadas y de la buena repartición del tiempo integrado, tener riqueza promedio para compensar los valles con las crestas en las ondulaciones de las proyecciones de riqueza producida, desde que nacemos hasta que morimos. (Un ejemplo típico de esta circunstancia serían los cálculos actuariales para el mantenimiento de la ancianidad promedio por el enriquecimiento variante en el tiempo). Todas estas disciplinas deben ser practicadas y fomentadas. Esta disciplina es a la que se refería quien dijo que era necesario estirarse para acariciar a la luna con las manos, sin dejar los pies de la tierra.

El hombre debe de actuar con sumo albedrío y tener la libertad de escoger. El Estado sí, tiene el sagrado deber de debidamente informar sobre todas las circunstancias. Por lo menos de informar que se tiene disponibilidad inmediata de la información debida para que el individuo haga la mejor escogencia libre. Si ya después de esto se escoge mal hay que respetar el dicho popular de que *quien por su gusto muere que lo entierren parado*. Pero que nunca sea escoger mejor, un pretexto para OBLIGAR a escoger; bajo el argumento que se quiera o que se rebusque.

Definitivamente la Paz es lo más tangible y práctico existente. La debemos de buscar siempre; mayormente en estos tiempos álgidos del filo de la navaja.

La educación superior es una actividad enriquecedora que sin embargo con el actual sistema es más bien una carga. Al ser la educación superior especializada y voluntaria, considerada como un proyecto del individuo cuya positividad es más alta que su costo deberá ser llevada a cabo sin titubeos por quien la desee. Todo con los deberes y derechos antes mencionados.

El principio, llámesele económico o como se quiera, es el mismo:

CUANDO HAY TRANQUILIDAD y ESPERANZAS FUNDADAS, QUE UNICAMENTE SE PUEDEN FUNDAR EN PAZ, el TIEMPO (factor limitativo del valle de lágrimas), SE PUEDE INTEGRAR. En otras palabras, SE PUEDE USAR DE LA ESPERANZA DE RIQUEZA EN EL FUTURO PARA COSTEAR EL PRESENTE.

No existe razón porqué el sistema eleccionario no se pueda afilar más, mejorándole y haciéndole más eficiente. Este es un reto realizable a corto plazo. Ahora que se suma muy bien, los representantes del voto deberán pesar solamente por el número de votos recibidos en todas las decisiones representativas. El pueblo deberá tener siempre a su disposición los instrumentos debidos para la reprobación inmediata para evitar los excesos de poder personal.

Las relaciones con los otros pueblos deberán ser a base de integraciones mutuas y reciprocidad. En este mundo cada vez más chico las posturas de aislamiento son desfasadas, pues hágase lo que se haga, ya los deberes y derechos de los pasajeros de la nave espacial tierra están cada vez más interrelacionados. Los organismos internacionales como las Naciones Unidas deberán tener cada vez mayores incidencias en las relaciones de los pueblos. Sus Cartas Constitutivas deberán estar siempre adecuadas a los progresos y demandas justas de éstos pueblos. El mismo principio que nada debe ser estático.

El Estado deberá en lo más posible SUBCONTRATAR. Ser más supervisor y buen fiscal que ejecutor o administrador.

Para evitar los personales abusos de poder creo que el Jefe de Estado o Presidente, deberá presidir ambos poderes, el Ejecutivo y el Legislativo y quien lo reemplace temporalmente deberá ser un miembro de sendos Cuerpos.

En cuanto a la Justicia es obvio que para la buena marcha deberá existir un patrón común de procederes basado en los principios que para la supervivencia relacionada adopte la comunidad. Como básicamente éste patrón partirá de derroteros constructivos, no se deben de tener conciencias culpables al aplicarse. Quién no desee sujetarse a éste e infringir en los derechos de la comunidad o de otros individuos, deberá también atenerse a las consecuencias. Como al cometer cualquier atentado contra los patrones comunes del buen comportamiento, en efecto significa un estado de yuxtaposiciones de derechos entre la comunidad y el individuo, prevaleciendo siempre el derecho de la comunidad, TODO AQUEL INDIVIDUO QUE PAGUE CRIMENES PERDERA SUS DERECHOS MIENTRAS SEA REO DE LA SOCIEDAD.

Perder derechos significa toda una gama de ellos, entre los cuales están las libertades de locomoción y expresión. Al no tener derechos los deudores tampoco tienen el privilegio de manutención. Lo anterior debiera de ser materia de profunda meditación antes de violar los derechos de la comunidad, pues lo más sagrado que el hombre tiene son sus derechos. Por lo tanto las situaciones penales no debieran ser carga a la sociedad. Cualquiera concesiones que haga la sociedad deberán ser consideradas como lo son, **privilegios, no deberes de ésta, sino más bien una carga.**

La mejor forma de pagar yerros no deberá ser como lo es ahora a base de dineros y tiempos, sino ligados a índices más justos como energía, tamaño, edad y talvez otros que se consideren más apropiados. Esta energía proporcional la deberá producir el condenado, para pagar su deuda a la sociedad o comunidad y para su manutención mínima. El principio que el castigo debe ser un poco mayor que el crimen siempre habría que considerarse. También serían punitivos crímenes con castigos proporcionales no solo los dolosos como el hurto o el asesinato, sino también los que en vida **produzcan sufrimientos** a terceros derivados del crimen, los cuales deberán ser castigados también en vida. Esta clase de "tortura legal", incluyendo por supuesto el encarcelamiento que ya es una tortura legal, habría que estudiarse bien, además de la creación de "índices de sufrimientos" aproximados, para que los castigos judiciales no se conviertan en sadismos-.

De todas maneras los parámetros u índices de todos estos sistemas, como por ejemplo los parámetros del sistema penal y judicial, se volverán a discutir someramente en la Segunda Parte. Deberán ser fijados en formas cinéticas por la comisión de estilo.

Actualmente los Representantes de los pueblos se dividen los trabajos especializados nombrando entre ellos mismos comisiones especiales. Yo considero que también el sistema de exámenes para poder ser miembro de una Comisión debe ser considerado.

Por otro lado tenemos en algunos países monárquicos, a figuras y personalidades en desentono con las realidades que además de volverse parasitarias y muy ricas, casi solo llevan a cabo funciones protocolarias. Estas en contraposición con los líderes omnímodos y paranoicos que tanto daño nos hacen y han hecho. La primera es un mal menor no necesario en contraposición con la segunda. Lo que se desea debe ser un resultado sin componendas, sino como enfoque real.

El Presidente, o el Jefe del gobierno ideal que anhelamos, además de llenar una posición altamente honrosa por representar al país y dirigir e interferir en los debates, debe ser justamente remunerado, como todas las posiciones gubernamentales con el objeto de tratar de evitar circunstancias que se presten a tentaciones dolosas, pero nunca debe tener esa posición poderes absolutos; como representante personal de la voluntad total de la Nación tiene el derecho al veto.

Donde existen representantes populares o congreso, existe también esta pugna o drene de energías entre el ahora llamado Poder Ejecutivo y el Poder llamado ahora Legislativo. Los nombres y definiciones que se les den a los Poderes son inmateriales, lo importante es su funcionamiento a base de su incidencia en la mejoría de los pueblos, y estos mejoramientos serán siempre conclusiones conjuntas de todos los elegidos, para mejorar a éstos mismos pueblos.

Lo más importante, si se le quiere etiquetar, de este pequeño tratado es la parte económica, esta se discute en forma más a fondo en la Segunda Parte de estos escritos. Todas las demás soluciones son derivados como consecuencia del bienestar del hombre y son sugerencias que yo creo sumamente convenientes y cuyo andamiaje trataremos de describir someramente en los próximos párrafos.

Seguidamente seguiremos a describir en forma escueta, las sugerencias para según el suscrito, tener un mejor gobierno:

A.- Aunque todo está correlacionado tenemos que darle suma importancia al despertar Económico.

1) El Principio más importante es el de crear Actividad Económica Productiva en Paz, para lo cual se necesita de buenos Gobiernos. Al hacer proyecciones responsables de Proyectos cuya rentabilidad es más alta que su costo se deben de implementar y llevar a cabo estos proyectos de inmediato y a base de Deuda Interna; y solamente para éste tipo de estos proyectos rentables.

2) Para que exista la Paz se debe de eliminar todo lo que sea antítesis de ella, como el militarismo, el culto exagerado a la personalidad y los poderes omnímodos. Los cuerpos asociados como las Naciones Unidas tendrán mayores incidencias en la vida de los pueblos.

3) Se observará que las Actividades Económicas así creadas redundarán en realizaciones económicas positivas en plazos mucho más cortos de los esperados.

4) Para éstos logros los mecanismos sugeridos son:

-) El Estado participará de inmediato en cualquier Proyecto rentable a base de Deuda Interna adquiriendo Pasivos en ellos.

-) Deberá existir una Bolsa o sitio de intercambio de todos los Pasivos existentes donde cualquiera podrá mercarlos.

-) El Estado después de pagarse sus costos fijos de gobierno repartirá sus excedentes entre todos los trabajadores de las Actividades Económicas registradas que los produjeron a base de persona/tiempo.

-) Cualquier otra actividad financiera podrá ser llevada a cabo, como una relación más entre personas y la Comunidad. Limitándose el Estado a reglamentar e informar debidamente a sus ciudadanos usando de la buena Comunicación.

5.- De las Relaciones Económicas Extranjeras.

-) Como parte de los pasivos de los Proyectos "A" probablemente sean debidos a Activos de Bienes y Servicios importados, se debe de CONVENCER a los países productores de estos Activos a que POR SU PROPIA CONVENIENCIA participen en los *modus operandi* y andamiajes de este sistema. Todo ello con las debidas garantías y controles de cada caso.

-) Al comienzo, la Nación al emprender esta modalidad SE CONVIERTE EN PROYECTO RENTABLE en sí. Esto significa que el "Estado/Mundo" deberá talvez en un futuro, entrar en "deuda buena" también como lo tiene que hacer cualquier nación en sus proyectos locales, mientras el Pueblo Pobre llegue a SU DESPEGUE. Esto se traduce en AYUDA Y COOPERACION PLANIFICADA CONVENIENTE de los pueblos más avanzados hacia los menos. A base de Deuda esto no es ni caridad ni mayores tasaciones, ni arma vedada de presión. Es simplemente repito, un CONVENCIMIENTO CONVENIENTE, pues aumenta el mercado de productores y consumidores, en otras palabras se produce el tan deseado de Keynes movimiento económico. Si esto no se logra MEJOR NO SEGUIR y que se atenga el mundo a peligrosas situaciones que aunque a veces ciegas por la pasión, pueden llevarlo a su auto destrucción; todo por querer tapar al sol con un dedo y posponer soluciones olvidándonos de generaciones venideras. Existen múltiples formas para este logro y en ninguna manera deberán significar tasaciones adicionales a los individuos del los pueblos desarrollados, sino por el contrario, conveniencias. Reto a las mentes creativas a que las expongan.

B.- Sugerencias acerca de las Otras Ramas de Gobiernos.

1- La Electoral.

-) Todas las actividades de los elegidos serán siempre sancionadas por el Pueblo en consultas electorales de periodicidad corta.

-) Los individuos electos por el pueblo no tienen que sustentar períodos fijos; pudiendo ser repudiados por las mismas votaciones periódicas.

-) El proceso electoral TIENE que ser mejorado para hacerlo más cómodo, eficiente y sencillo. Esto se puede y ya se están logrando avances en esta orientación, sobretodo apelar a los adelantos electrónicos.

2.- De las distintas Otras Ramas en el Gobierno.

-) Sugiero que el Jefe Máximo o Presidente, presida las reuniones de la Directiva o Junta de Gobierno, y que en éstas solo detente el desempate y el veto. Este deberá ser representativo del sentir del Pueblo.

-) También podrá presidir la Asamblea General con las

mismas atribuciones.

-) Los ahora llamados poderes distintos serán comisiones con distintos atributos para diferentes fines específicos y por lo tanto, como candidatos deberán llenar las diferentes condiciones y pasar diferentes exámenes.

-) Cada Representante o Comisionado representará solamente la cantidad de votos que lo eligió y todos serán parte de la Asamblea General.

-) De cada Comisión o Comité saldrá un miembro que formará parte de la Junta de Gobierno.

3- De la Justicia.

-) El Estado deberá aplicarla justamente y ciegamente.

-) El derecho de la Comunidad precede al derecho del individuo, por lo tanto quien comete crímenes contra la comunidad pierde sus derechos individuales por antonomasia.

-) La formas de pagar las deudas con la Sociedad deberán ser más representativas que dineros fijos.

-) El deudor o reo deberá contar, sin que para ello signifique costos adicionales a la Sociedad, con el ambiente necesario para mantenerse y producir dentro de su relatividad individual, la suficiente energía o creatividad como para abonar hasta la cancelación de su deuda con la Comunidad. Habría que considerarse también el Sufrimiento; buscar una forma de tangibilizarlo para sus debidas sanciones.

4- De la Educación.

-) La Educación Básica deberá ser obligatoria y gratuita; considerada como Proyecto rentable de la Comunidad. La niñez/individuó tiene el derecho a obtener estos privilegios en iguales condiciones.

-) La Educación Superior o especializada será voluntaria y considerada como la es, un Proyecto rentable del Individuo.

5- De las Otras Actividades.

-) La Información del Estado tiene como meta la Verdad y la Justicia.

-) El Estado vela por la Sociedad y por los individuos que la forman. No debe de competir con ella ni con sus individuos. Por lo tanto deberá ser más FISCALIZADOR, FOMENTADOR, ENDOSADOR y DELEGADOR (Subcontratista), más que Ejecutor y Administrador.

-) TODAS las relaciones del la Persona, legal o actual, con la Comunidad o Sociedad, constituyen un Privilegio, no un derecho. Esto significa que deberá ser sujeta a los resguardos preventivos del Estado. Esto en general deberá ser en formas de Licencias otorgadas por el

Estado para las relaciones especiales de la persona con la Comunidad. En forma macro esta estará orientada solamente hacia la instrucción de deberes y derechos y las limitaciones de los mismos, hacia el conocimiento del ramo en el cual se está acometiendo y sobre todo a proteger a la comunidad contra engaños en cualquier forma. Como esta relación se puede prestar a ser una herramienta de presión, se deberán tomar las medidas necesarias para la prevención de la misma, así como los fuertes castigos provenientes del mal uso.

XII.- SINTETIZANDO LO ANTERIOR PARA ENTRAR EN EL MEOLLO ECONÓMICO, RAZON PRINCIPAL DE ESTE MENSAJE

Resumiendo una última vez todo lo antedicho, la situación deseada y básica descrita, que es el tener un Gobierno de Paz para la institucionalización de la Deuda Interna como única forma de poder salir del estado lamentable en que se encuentran los pueblos del Tercer Mundo, necesita de ambientes paralelos adecuados para que pueda funcionar con eficiencia. Mejor dicho todavía, algunos son tan importantes que son indispensables para su funcionamiento.

El ambiente más importante para poder usar de buenas proyecciones del futuro con el objeto de tratar de obtener riqueza rápida en el presente es la Paz.

En forma conducente y correlacionada está el establecimiento de un buen Sistema. Un sistema de estructura gubernamental que esté basado en Principios Básicos como los descritos.

El principio democrático de la consulta popular que actualmente descansa en el principio que los pueblos siempre saben lo que más les conviene es una meta sumamente deseable, pero por la misma periodicidad de tiempos fijos para los elegidos, los pueblos, quienes como dije antes siempre saben lo que NO quieren, tienen que expresar sus desaprobaciones solamente en tiempos de elecciones. Es en estos tiempos y a base de gastos superfluos, que los candidatos presentan solo sus caras positivas, y hasta dejan de hacer gestiones en las que ellos creen por temor a no salir electos, la no reelección o limitación de períodos, creo que es una cura mediocre para ese mal. La posible reprobación popular constante es una espada de Damocles positiva.

Los poderes omnímodos que los Jefes de Estado detentan en muchas constituciones los hacen que mal usen el poder pudiéndose luego convertirse en dictadores. El perenne mal de los pueblos pobres.

Creo que el sistema de consultas electorales puede y debe ser menos engorroso que el actual. Deberá existir mayor periodicidad y simpleza eleccionaria, sobretodo derecho a la constante reprobación de los elegidos. Con los avances en todos los demás campos tecnológicos éste está además sumamente desfasado.

Las relaciones entre individuos, la base de la Justicia, adolece en general de eficiencia. Los deberes y derechos de los individuos en general tienen áreas que se prestan a algunas injustas interpretaciones. Los que quebrantan y abusan de sus derechos, al perder voluntariamente éstos al ser criminales no debieran de ser costo a la comunidad a menos que ésta así lo deseé. Y esto sería entonces un privilegio limitativo no un derecho. El sistema de multas o castigos a abusos de cualquier derecho deberá ser revisado ya que los castigos en dineros son un subsidio vedado del Estado a los que más tienen.

Las relaciones entre los individuos y la comunidad deben ser bien delineados en todos los campos o profesiones que esta coordinación necesaria abarque. Las licencias que se concedan debieran ser siempre a base de exámenes. Los extensos de múltiples respuestas que se llevan a cabo en muchos países desarrollados pueden ser dignamente imitados. Lo básico de la relaciones de individuos con la comunidad es que el individuo esté consciente que éste es un privilegio no un derecho y que debe estar informado y tener los conocimientos necesarios acerca de las tecnicismos mínimos requeridos en el campo donde se solicita este privilegio en forma de licencia. El ser candidato para cualquier elección es una relación del individuo con la comunidad, especialmente como sugiero sean electos las Comisiones de la Asamblea General. Estos exámenes NUNCA se deben prestar a ser usados como arma política, o de mordaza en el caso del periodismo. Deben existir los elementos o canales adecuados para señalar estas faltas y ser fuertemente penadas. Todos los individuos solicitantes de licencias deben ser tratados por igual.

El sistema bicameral generalmente usado tuvo su razón de ser en un principio. Con tanta solución a tanto problema debemos ser frugales en la dispensación de nuestras energías para que no se acumulen las resoluciones insolutas. Con una sola Cámara basta y sobra. Las Comisiones que generalmente se nombran no por tanto tecnicismo sino más bien como disposición de poder, deben ser electas. Los candidatos por lo tanto deben llenar requisitos mínimos para lo que son electos pasando los exámenes de rigor por ser esta una relación del individuo con la comunidad. El voto en la Asamblea de los electos debe ser igual a los que los eligieron, y ésta deberá estar formada por todas las Comisiones elegidas. De cada Comisión habrá un miembro que formará parte de la Junta de Gobierno, (parecida a ciertos "Concejos de Ministros") cuerpo que será presidido por el Jefe de Estado y escogido por éste. El Jefe de Estado o Presidente presidirá la Junta de Gobierno y la Asamblea; solo tendrá veto y voto de desempate. Con esto se eliminaría esa pugna existente entre los Poderes ahora llamados Legislativo y Ejecutivo. El Poder Judicial será un Comité especializado más con poderes especiales. Inclusive podrá ser un Comité especializado con poderes reprobatorios para los funcionarios nombrados. Con las consultas populares de mayor sencillez y periodicidad todas las medidas podrán ser ratificadas o sancionadas por el voto popular.

Para la buena administración de la Deuda para producir habrá menester de los mecanismos adecuados, encauzados mayormente a través del Comité Económico y la creación de una Bolsa de Valores, la cual como se verá adelante ha de ser parte esencial de estos mecanismos. Es de SUMA importancia la verdadera reivindicación que tendrá el Trabajo en éste sistema sugerido. Las metas deben ser en las de hacer al trabajador también partícipe en los beneficios de las Actividades Económicas creadas; voluntariamente y como DUEÑO, ya que será portador de acciones, con los iguales deberes y derechos de todos los dueños ahora mal o bien llamados capitalistas.

En este pequeño coloquio están contenidas, como expliqué antes, mis sugerencias para la implementación y buena marcha de la búsqueda de riqueza o del mayor desarrollo y progreso de los pueblos pobres a través de la buena administración de la Deuda Interna.

Todas y cualquier medida que se tome, deberá ser constantemente sancionada por el Pueblo. Podrá haber un Comité especializado que someterá a consulta popular todo y cualquier cambio, si fuese necesario, Incluyendo por supuesto todo lo aquí sugerido.

Pero lo más importante para que la Deuda Interna funciones en un Gobierno es la implementación e instalación de los mecanismos adecuados para que el Principio se lleve a cabo y se distribuya en una forma ordenada, eficiente y justa.

Las características que debe tener este sistema son las siguientes: 1) Deben de contemplarse únicamente Proyectos de Producción. En los países pobres del Tercer Mundo es lo que más abunda y necesitan, lo único que falta es la financiación adecuada y en el sistema que unilateralmente requieren los países pobres no existen los recursos, o superávit, o ahorros, u oro guardado necesario, o capital, o como se le quiera llamar para que se lleven a cabo.

2) Para que el endeudamiento para producir no entre en inflación (que es el pretexto que se usa para que un país pobre no se auto endeude), el Proyecto deberá tener UNA PRODUCCION MAS ALTA QUE SU COSTO. Actualmente lo anterior está supuestamente a ser la razón por la cual se financia. Esto no es necesariamente cierto pues se exige la GARANTIA, la cual hace que no se estudie con tanto ahínco la bondad del Proyecto en sí, si es que hay suficiente garantía hipotecaria. En el sistema propuesto lo UNICO que garantiza la financiación a base de Deuda es la Bondad del Proyecto; razón por la cual. 3) Es absolutamente necesario, por la peligrosidad de entrar en barreno inflacionario, que es lo que algunos mediocres socios o explotadores mismos, están como sedientos que suceda, QUE LOS ESTUDIOS DE FACTIBILIDAD DE CADA PROYECTO NO SEAN AMAÑADOS. En otras palabras, cuando la financiación está además garantizada por una buena hipoteca, la lupa

o la minuciosidad con que se hacen las proyecciones del estudio de factibilidad pueden pecar un poco de ligereza, pero en el caso que sugerimos, DE NINGUNA MANERA; ello puede tirar al trasto no solo el proyecto particular en sí, sino todo un cimiento para darle esperanza de riqueza al pobre. Por todo esto yo sugiero que el/los responsables del estudio sean parte del premio de la buena andanza (poco por unidad pero halagador por cantidad) de las proyecciones buenas o castigados hasta criminalmente si ha habido mala fe en hacer proyecciones económicas y proyecciones de efectivo falsos.

Sir John Maynard Keynes
(Inglaterra, Junio 5, 1883 – Abril 21, 1946)
Economista británico, considerado como uno de los más influyentes del siglo XX, cuyas ideas tuvieron una fuerte repercusión en las teorías y políticas económicas. La principal novedad de su pensamiento radica en considerar que el sistema capitalista no tiende al pleno empleo ni al equilibrio de los factores productivos, sino hacia un equilibrio que solo de forma accidental coincidirá con el pleno empleo. La principal conclusión de su análisis es una apuesta por la intervención pública directa en materia de gasto público que permite cubrir la brecha o déficit de la demanda agregada. Está considerado como uno de los fundadores de la macroeconomía moderna.

SEGUNDA PARTE

EL DESPEGUE

AL DESPEGUE LLEGAN LOS PUEBLOS SOLO
CUANDO TIENEN ESPERANZAS. CUANDO EL
SUDOR TIENE HORIZONTES. LOS PUEBLOS
POBRES TAMBIEN PUEDEN Y DEBEN PRODUCIR
EN PAZ PRESTANDOLE AL FUTURO TRANQUILO.
ESTE PRINCIPIO DEBE SER DISEMINADO,
AYUDADO Y USADO POR TODOS PARA BIEN Y
CONVENIENCIA DE TODOS, PARA REEMPLAZAR
A LA MISERIA POR LA RIQUEZA CONTAGIANTE.
LA RIQUEZA CINETICA ES POR TIEMPO Y DEBE
ESTAR AL ALCANCE DE TODOS, PARA QUE CON
IGUALES OPORTUNIDADES
VOLUNTARIAMENTE BUSCARLA.

XIII.- EL DESPEGUE: LA PARTE PRINCIPAL, LA ECONÓMICA, TIENE SOLUCIONES SENCILLAS Y RÁPIDAS

Las apreciaciones anteriores de estos escritos son solamente una relación de Principios, premisas o modos de pensar sobre los cuales baso las conclusiones o recomendaciones expuestas. Además expongo algunas sugerencias para afinar aún más el sistema democrático; todo con el buen fin que funcione en forma más eficiente y tranquila y con esperanza la Deuda Productiva. Definitivamente si no se está de acuerdo o "no en desacuerdo" con ellas se verá el caso de también no estar de acuerdo con el contenido que yo llamo necesario de implementar, de lo aquí tratado. Se dará cuenta el lector que lo único absoluto son los horizontes hacia donde se desea sean los anhelos del hombre en esta vida pasajera; los caminos, andamiajes o metodologías son relativos. Algunos expuestos con más énfasis que otros por el convencimiento del que escribe, pero todos sujetos siempre a la efectividad de su funcionamiento.

Estamos de todos de acuerdo que el mayor problema de los tantos que tienen los pueblos pobres es, justamente eso, la pobreza y la miseria. Esta se resuelve con su antítesis, con la riqueza.

Cuando las formas de producir riqueza son exclusivistas, ésta es difícil de obtener. Pero si la riqueza puede ser generada por la producción, nuestro problema estriba en hacernos la pregunta que si los pueblos pobres ¿pueden producir o no? Ya está probado que no son las razas, ni las herencias las que inciden en la producción.

La paradoja estriba en que la Producción para generar riqueza, hasta ahora ha sido controlada por la riqueza misma, casi en formas exclusivas.

Se pueden observar casos de países ricos por riquezas naturales muchas veces no renovables, con pueblos pobres o esclavizados, pero con líderes sumamente ricos. Estas situaciones muchas veces despóticas, otras paternales no son las verdaderas fuentes de mejoría de los pueblos. En otras palabras ha sido potestad exclusivista de los ricos, países o personas, el seguir siendo ricos o aún más ricos. Esta paradoja explotadora es la que la mar de las veces convence al pobre desesperado a oír a necios ignorantes bocones que solo los usan de "carne de cañón", quizás al principio con buenas y hasta cándidas intenciones. Pero el poder siempre marea y corrompe y más si no se le sabe manejar. Entonces casi solo lo usan para amoralmente enriquecerse y emborracharse de poderes casi omnímodos y criminalmente llenar sus bolsillos, y en medio de farsas publicitarias relegan al pobre después de promesas falsas, a situaciones de mayores miserias y desesperanzas.

Esto solo se puede evitar enriqueciendo al pobre, voluntariamente supliéndole las herramientas necesarias para poder producir, (Estudios, asesoramientos y el soporte económico requerido como aquí se explica), para que, al igual que cualquier otro adinerado, pueda PRODUCIR riqueza para sí mismo, no para terceros.

Está probado y no es nada nuevo, que el pobre, sea país o individuo, puede perfectamente producir, y aún voluntariamente entrar en ambientes de mayores sacrificios temporales en búsquedas de riqueza, SI SE LES DÁ LA OPORTUNIDAD, o como se dice en criollo, si se les "da chance".

El país que ya probó esta situación, saliendo airosamente de la pobreza fue los Estados Unidos. Quizás la mayor circunstancia relevante y triste, pero que fehaciente los puntos aquí expresados, fue la llamada Gran Depresión. Ese barreno de miseria y colas de hambre ya se conjugaban y se estaba convirtiendo a velocidades amenazantes, en una espiral de miseria, caras tristes, desempleo y desesperación. La forma que salió este País de este estado lamentable fue la deuda para producir.

Yo propongo que esta situación ya probada sea usada por los países pobres para salir de sus estados caóticos. Y lo propongo como ÚNICA forma conocida. Dejemos a un lado la palabrería necia que no tenemos tiempo para ello. Esta orientación por supuesto que conlleva una serie de factores complementarios, paralelos e indispensables como los expuestos. Estos ambientes los tenían los Estados Unidos, esperanzado un pueblo trabajador en las promesas reales que vendrían mejores tiempos, a base de un gobierno de hombres honrados, no de dioses, que infundía paz, que infundía esperanza. Todo conjugado por supuesto en su espacio/tiempo. El principal bastión de esos ambientes, que también acarrea consigo el andamiaje debido para poder usar del futuro, es la Paz.

Se me viene a mente la publicación de este libro como un ejemplo. Lo normal de estos tiempos es darlo a conocer, probablemente dar pequeñas charlas exponiendo su contenido (esto a personas en gran parte ávidas de destrozar), luego editarlo, corregir los errores detectables, me expresan que debo de sacar un folleto brillante e ilustrativo describiendo su contenido; como el mejor mercado creo está en los Estados Unidos debo traducirlo, conseguir las direcciones de unas 6,000 bibliotecas que estarían dispuestas a comprarlo, etc. Todo esto entre "muertos y heridos" costaría alrededor de unos cinco dólares con veinte centavos por volumen para los primeros 15,000 volúmenes.

Cuando yo llegue a la situación, luego de haber podido hacer lo anterior, de poder vender el primer volumen, estaré en el punto crítico que yo llamo "El Despegue".

Yo creo en mi proyecto, creo en mi mensaje, creo que será leído una vez que se conozca, pero necesito de unos 78,000 dólares. Si yo los tengo en una cuenta bancaria, pues no hay problema. Pero si no tengo esas cantidades (como es el caso), tendré que agenciármelas para poder publicar mi libro. Y si no puedo, pues el libro no se publica a pesar de mi trabajo y noches de desvelo en una computadora procesadora de palabras que aprendí a manejar para este fin, y sigo más pobre de lo que estaba antes.

Lo mismo sucede en distintas escalas con los países del tercer mundo.

Como yo espero que mi libro va a producir en ventas por lo menos unos 200,000 dólares solo para ese mercado, cantidad unas tres veces mayor que lo que me informan costaría, lo que yo propongo es crear un mecanismo por medio del cual, a base de examinar el proyecto en sí, no mi cuenta bancaria ni mi buen crédito (semántica). O sea que yo pueda prestarle al futuro 78,000 dólares de los esperados $200,000.

Lo mismo sucede en distintas escalas con los países del tercer mundo. Los 78,000 dólares serían de Deuda Interna para proyectos buenos. Lo que sacó a los Estados Unidos de la Depresión. Uno de los más importantes primeros proyectos fueron las electrificaciones del valle del Tennessee. Esta deuda, simplemente se imprimió. No estaba respaldada a como decía la leyenda de los billetes dólares, por ningún oro en Fort Knox.

Lo que sucede, y este es parte del mensaje, es que no permiten, porque no confían o por lo que sea, que ese pobre se endeude para producir. Esto lo hacen en formas sutiles y con palabras rimbombantes, pero la base es esa: Que a pesar que los países industrializados se endeudan para estos menesteres, a los países pobres les está vedado éste mecanismo. En forma desafiante, que le costó demasiado considerando lo positivo de su posición, esta fue la postura de Juscelino Kubitschek.

Este suceder NO LE CONVIENE A NADIE. Este suceder a quienes menos les conviene es a los países industrializados pues los pobres sufren menos proporcionalmente siguiendo siendo pobres que los resultantes nefastos que YA SE ESTAN VIENDO, afligiría a los países desarrollados por los factores negativos antes descritos que conlleva la miseria contagiante.

Estoy seguro que esto no lo desea nadie. Esta es la clase de "golpe bondadoso" que hay que darles a los países ricos para que se despierten a esta realidad.

A continuación expongo los mecanismos sugeridos para "El Despegue".

(P.S. Si el lector está leyendo este libro significa que me las "agencié" ¡para conseguir costear la inversión del mismo!)

XIV.- LA BOLSA DE INVERSIONES PARA EL DESARROLLO

El objeto de entrar en Deuda para Producir obedece al principio sencillo que la Riqueza es creada primordialmente por la Producción. Pero el resultado de todos los enredos creados por el hombre a base de facilitar el trueque de productos y servicios, fue que para producir se necesita de una quimera llamada moneda, que es la unidad que se usa para todos los trueques de estas mismas mercancías y servicios. La moneda hasta se ha llegado a confundir con la riqueza misma. ¿Y cómo se crea la moneda? Modernamente sencillamente se le imprime; anteriormente en los tiempos del patrón metálico, se le minaba.

Esta impresión actual debe de estar sumamente controlada porque si se imprime demasiado de ella, va a haber tanta circulando que va a perder su valor adquisitivo (Inflación), sobre todo si se usa para cualquier fin que no sea producción de riqueza.

Los países industrializados la distribuyen canalizándola a través de varios canales a bancos, los que al final la llevan al comercio o cualquier otra actividad económica después de pasar por varios tamices (uno de ellos es tener con qué pagar –o sea no ser pobre-); pero la verdad es que la imprimen sin respaldo tangible. Esto les es vedado a los países pobres en varias formas, una de ellas es supliéndosela ellos mismos en formas de Deudas "blandas" para que les compren con esas mismas deudas sus Bienes y Servicios.

El mensaje que yo deseo dar es que los mismos países pobres pueden positivamente regir la impresión de sus propias monedas, siempre y cuando estas sean utilizadas exclusivamente para producir. El mecanismo que yo sugiero es que el proceso se lleve a cabo creando un programa para el financiamiento de todo proyecto cuya rentabilidad sea más alta que su costo, a través de una Bolsa de Valores que yo llamaría "Bolsa de Inversiones para el Desarrollo". Seria ha como sigue:

A.- Presentación del Proyecto.

1) El Proyecto debe ser rentable. Es decir que produzca ganancias. La veracidad de ello sería constatada por una entidad licenciada que se dedique exclusivamente a esta actividad: Realizar Estudios de Factibilidad. Como en la actualidad las entidades prestatarias se respaldan mucho más en la hipoteca que en el estudio de proyecciones, deberá existir una escala de premios y castigos (hasta

cárceles y pérdidas de licencias) por las aseveraciones de las proyecciones de estos estudios, ya que en éste proceso no se funcionará a base de hipotecas, sino de la bondad del proyecto mismo.

2) Los Estatutos, Escrituras de Constitución, valor de las Acciones, Reglamentaciones especiales etc., de todos los Proyectos que formen parte del Programa descrito deberán ser del mismo patrón. Lo único que podrá variar será el Capital Pasivo, por los distintos tamaños de cada Proyecto; también quizás, por la misma razón el número de Directores. Pero lo demás deberá ser todo estandarizado.

3) Una vez que el Proyecto sea debidamente aprobado dentro del Programa, se procederá a la financiación del mismo. Se recogerá el Capital inicial posible. En casos de aportes necesarios de bienes como algunos Activos Fijos, que se saben que con el éxito del Proyecto se van a revaluar, se podrán aceptar éstas revalorizaciones que deberán haber sido consideradas en los Estudios Económicos, con un pequeño colchón de seguridad.

B.- Participación de la Bolsa.

1) Como es de esperarse va a haber menester de mayor aporte en el Proyecto para su financiamiento óptimo, ya que es precisamente de este mal del que padecen los países pobres y de lo que nos ocupamos aquí. Este aporte

es el que será la Deuda Interna que la Tesorería de la Nación aportaría a la "Bolsa de Inversiones para el Desarrollo", dinero impreso con el único fin de suplir las sumas faltantes para hacer del Proyecto una realidad productiva, adquiriendo la Bolsa Acciones Preferenciales a un Interés fijo anual. (El once por ciento considero yo que es un número balanceado entre inflación, tasas normales y rata que no sobrecarga sino que separa a los malos proyectos, ya que una explotación que no pueda pagar estos intereses en forma preferencial quizás no valga la pena de llevar a cabo). Estas acciones preferenciales van a formar parte del Capital de la Empresa. Tendrán las siguientes características:

a.- No tendrán derecho a voz ni a voto; pudiendo ejercer estos derechos solamente en estados de emergencia, o después de su primera venta por el Estado. Como lo especificarán los Estatutos estandarizados.

b.- Al no ser un Préstamo no deberán ser nunca pagadas sino un Pasivo Permanente al igual que el resto del Capital. Los Intereses (11%) si, deben ser puntualmente pagados siempre con preferencia (razón del nombre) a cualquier repartición de Ganancias o Dividendos, como se pagan actualmente los intereses de cualquier deuda bancaria, (la ventaja aquí sería que NO se pagaría el Principal). Como la mayoría o casi todos los proyectos no engendran liquidez al comienzo de sus actividades, esta necesidad de flujo de efectivo para pagar intereses preferentes debe ser considerada en forma adecuada probablemente como una necesidad adicional de Capital o Pasivo Permanente, en vez de concederse periodos de gracia. El dinero no tiene memoria.

c.- Serán de calificación "Preferente", como lo deberán decir los Estatutos, solamente cuando sean de la pertenencia de la Bolsa (entidad que sería semi/estatal), convirtiéndose automáticamente en Acciones Comunes una vez que sean vendidas por esta. Talvez debería existir un sistema prioritario para que fuesen adquiridas por los socios originarios del Proyecto. Yo sugeriría que no se pongan a la venta a oferta y demanda en la Bolsa hasta que el proyecto haya pasado el punto "Despegue" y engendre su propia liquidez con la producción. Mientras tanto al permanecer en el proyecto podrían ser adquiridas por los accionistas fundadores con derechos proporcionales, al costo más cualquier interés preferencial acumulado.

d.- Estas Acciones como dije antes, al igual que todas las Acciones Comunes de todos los Proyectos que formen parte de este Programa, deberán ser siempre ofertadas al precio que el dueño de ellas desee, en el mercado de la Bolsa de Valores. (Este precio podrá servir de índice para calcular la riqueza del ofertante). También podrán ofertarse en la misma forma cualquier otra Acción o Valor, aunque no esté dentro del Programa, por cualquiera que desee mercadear por medio de la "Bolsa", la cual cobrará lo competitivo por estos servicios.

La Bolsa de Valores llenaría el requisito doble de crear Riqueza y Movimiento Económico.

Cuando la actividad creada por este mecanismo llegue a volúmenes adecuados, el Gobierno, de los superávit de la Bolsa, podrá devengar de esas entradas para costear sus gastos mínimos necesarios, eliminando así los equivalentes impuestos sobre la renta -otro enorme atractivo para los inversionistas-. Cuando estos excedentes lleguen a ser mayores que los necesarios para costear los gastos mínimos del gobierno, cantidades que tendrán que venir a medida que la actividad crezca, deberán ser repartidos entre los trabajadores de las empresas dentro del Programa a base persona/tiempo preferentemente, para incentivar al trabajador a ser dueño de acciones y que se familiarice con el proceso, para adquirir acciones dentro de la Bolsa de Valores, en vez de involucrarse el Gobierno en gastos superfluos. Así se convierte al trabajador poco a poco en dueño, al igual que cualquier otro accionista; pudiendo después de un pequeño tiempo prudencial, hacer de su acción lo que esté a su libre albedrío.

Como expresé antes la Bolsa así creada dedicaría gran parte de sus actividades al mercadeo de Acciones así como servir de vínculo para las compras y ventas públicas de distintos valores que se llevarían a cabo. Por todo esto tendría que universalizarse ya que en su seno se van a poder negociar en forma libre cualquier tipo de Acciones y Valores aunque no estén dentro del Programa descrito. Lo cual simplemente significa que la Bolsa de Inversiones para el Desarrollo, sería además en efecto un Mercado de Valores al igual que tantos en el orbe (New York, Tokio, Paris, Chicago, Londres, etc.), por lo tanto deberá contar entre su Constitución con las debidas Reglamentaciones adecuadas para que estas actividades se lleven a cabo; lo que implica que para tener los últimos adelantas en estas Regulaciones deberá contar con la ayuda técnica necesaria. Estoy seguro que estas Casas o Mercados de Valores arriba mencionados, compartirían para su misma conveniencia, gustosas estos "know how" o conocimientos técnicos como actualmente lo hacen.

El respaldo factual detrás del proceso descrito para crear Riqueza es que no se está creando del aire. Se esta invirtiendo en un futuro real. En Proyectos que tienen un Estudio y Proyecciones bien hechas que aseguran que al activar el Proyecto, ya está contemplado el pago a la deuda que se adquirió para que su funcionamiento fuese un hecho debido a la nueva Producción del mismo. Me refiero solamente en cuanto a la integración numérica de la deuda en sí. Existen más intangibles positivos atrayentes, los cuales aunque no se han podido convertir en tangibles antes, son hechos reales. Con algunos ya estamos familiarizados, como el valor de un nombre como "Coca Cola", pero otros varios como por ejemplo el Movimiento o Actividad Económica, la Esperanza etc., que siendo también riqueza creada, no se han podido medir, a pesar que algunos economistas ya trataron de expresarlos en riqueza que se toca.

La verdad es que son tantos los factores que afectan a esta circunstancia, que el hombre (prácticas contables aceptadas que según yo deben ser revisadas) ha optado por el momento, poner solamente en "blanco y negro" (digamos en un Balance Contable) lo que se puede comprar o vender; al valor de la última transacción; mucho menos al valor proyectado como he sugerido,

La Actividad Económica a que me refiero acompañada de sonrisas ya la hemos visto antes aun en Proyectos malos. La Riqueza producida por este Movimiento Económico, sobre todo cuando el Proyecto es sólido y pasado un tiempo en el que se llegue a adquirir aun mas fe en el proceso (otra riqueza intangible creada), va a neutralizar con superávit cualquier desbalance que se crea pueda resultar del elemento tiempo entre la adquisición de la deuda y los beneficios tangibles de la riqueza producida con ella.

Ya nos podemos imaginar lo que puede hacer de lo anterior un fracaso. Está en nosotros mismos. Cualquier falla en la ecuación de su funcionamiento; entre las más importantes además de los engaños posibles (que deberán ser duramente castigados como cualquier otro crimen grave) en las estructuras o en las proyecciones, están la falta de fe y confianza en el futuro que da la paz del ambiente: Un buen Gobierno. Nuestros pueblos pobres no se pueden dar el lujo de ignorar este proceso y lo necesitan más que nunca.

No se puede enfatizar suficientemente lo indispensable que es la Paz necesaria que resulta de un buen gobierno para el verdadero funcionamiento del proceso sugerido.

XV.- DEUDA PARA PRODUCIR ES INDISPENSABLE PARA EL PROGRESO DE LOS POBRES

EL principio económico de entrar en Deuda para producir, yo sostengo es la base y única metodología práctica actual para que los pueblos pobres salgan de los círculos viciosos en que se encuentran. No es nuevo; el hombre siempre lo ha aplicado. Son los activos generados a como sea, los que en los proyectos buenos producen ganancias y/o riqueza.

El endeudamiento controlado es una solución indispensable que está en correlación como dijimos antes, con todas las otras. No puede haber buena producción si no hay paz y si no hay por ejemplo, buena metodología educativa, para nombrar unas.

El distintivo consiste en que los Activos actualmente solo pueden ser adquiridos por el Capital más las deudas basadas en situaciones selectivas discriminatorias para el hombre común. Estas circunstancias, con conocimientos exclusivistas llegaron paulatinamente a hacer del Capital un patrimonio de círculos cerrados y al Estado a ser cómplice, voluntario o no, de esas políticas fomentadoras las cuales han llevado a este abandono en que se encuentra el hombre de la calle y/o los países pobres.

Sucede además que cuando un pobre, después de muchos sacrificios llega a obtener un Crédito Bancario, muchos Bancos para asegurarse de "los peligros" que representa el "dar" — (¡aunque parezca mentira ese es el verbo que usan!)— esa cantidad en crédito por la situación precaria de "filo de la navaja" del solicitante, le exigen generalmente mayor hipoteca, intereses más altos y prima más elevada (digamos en vez de prestar un 85-90% de la hipoteca, solo prestan un 50% de ella). Y si éste por situaciones a veces no controlables falla en sus puntuales periódicos pagos, pues los contratos le estipulan que pierde el activo sujeto del crédito (digamos una casa), pierden todos los pagos anteriores mas la prima, y el Banco sale a la brevedad posible del activo vendiéndolo a precios que despiertan el buitrismo o la rapiña; generalmente a un poco más que la deuda o hipoteca pendiente y salen rápido de esas acostumbradas operaciones ¡ya que las ganancias estaban realizadas!... ¡Cuánta razón tiene la paradoja cuando digo que qué caro que es ser pobre!

En otras palabras, para poder obtener un activo eficiente productivo se necesitaba de un Capital adquirido no necesariamente con el ahorro (que siempre disminuye pues el interés puro producido por éste no necesariamente compensa con la inflación) sino por métodos como la herencia, revalorización de activos fijos como bienes raíces, acumulación, mercadeo (muchas veces engañoso) y otros hasta amorales. Las deudas adicionales requeridas para la obtención de estos activos necesarios las suplen generalmente fondos líquidos proveídos por prestatarios con garantías hipotecarias mayores que los 100% del valor de estos mismos activos.

Algunos de estos prestatarios mas "avanzados" usan como garantía algo que se llama el "Buen Crédito"; este no deja de ser un círculo vicioso más, pues tiene buen crédito el que puede pagar o sea la persona o sociedad pudiente que ya ha pasado con anterioridad por los tamices descritos. Estos bancos o instituciones tienen la bendición del Estado; los fondos que generalmente usa el Estado son producto del hombre de la calle, ya sea a través de sus impuestos o de deuda interna (patrimonio comunitario no exclusivista).

Con el objeto que los que guardan y usan el dinero de los depositarios (los Bancos), no desaparezcan y huyan o quiebren o se declaren en quiebra como sucedía a menudo al principio se creó el "Encaje Bancario". Este es un mínimo de dinero líquido que el Estado obliga a los Bancos a tener en caja (varía entre un 12 a un 20% +/- del total depositado). Lo malo esta' en que en caso de algún descalabro y los depositarios quieran retirar sus fondos, el Estado muchas veces garantiza a los depositarios dineros, aunque la suma de estos sea mayor que el encaje bancario. Esto hace al Estado cómplice de los quehaceres del Banco. Yo estoy de acuerdo que se les exija a las Instituciones o Bancos privados mantener el máximo encaje posible sin la garantía del Estado, sino del mismo Banco y/o sus Directores o socios, antes de ninguna quiebra, si los depositarios quieren retirar sus dineros.

Son herencias de un sistema monetario que debe ser mejorado y de la forma del hombre de "pegostear" o hacer parches soluciones para tapar huecos, que han redundado en las situaciones exploratorias sutiles consabidas en que nos encontramos. De lo concerniente nos ocupamos aquí.

Lo que aquí proponemos es que al ser TODOS LOS PASIVOS CONSIDERADOS IGUALES, las deudas nuevas y el capital existente, es el Proyecto en sí el ÚNICO que debe de ser juzgado meritorio para obtener la bendición del Estado, y no el Capital o sus dueños. Esta debe de ser la posición del Estado en estos tiempos, ninguna otra.

Por lo tanto TODO O CUALQUIER PROYECTO, CUYA RENTABILIDAD PROYECTADA O RIQUEZA PRODUCIDA SEA MAYOR QUE LA ADICION DEL COSTO DE TODOS SUS PASIVOS, JUSTIFICA SU REALIZACION. Esto no es nada más que la buena administración positiva de la deuda interna usada directamente, sin círculos retrógrados engorrosos. Este principio tan básico y tan sencillo, aunque parezca mentira, resulta difícil de implementar. En otras palabras por la programación negativa existente, o por la misma fuerza destructiva de las personalidades abstractas nefastas creadas, podría hacerse difícil la realización de algo absolutamente necesario y que CONVIENE a TODOS.

El gráfico siguiente es ilustrativo de cualquier proyecto rentable:

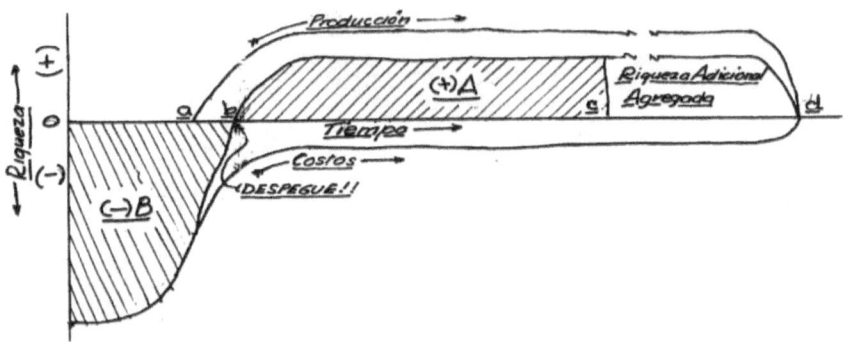

La línea vertical representa la Riqueza. La horizontal, el Tiempo que comienza en tiempo cero, cuando empiezan las actividades de planificación y construcción del proyecto. La curva de Costos que es riqueza negativa o deuda comienza en tiempo "0" (Gastos de Inversión), para después nivelarse siempre negativa en los Costos de Producción. La curva positiva de Producción, llámesele Ventas si se quiere, comienza en "0" Riqueza Producida en tiempo "a" para después nivelarse a la Producción óptima, la cual tiene que ser mayor que los Costos de Producción y redundar en Riqueza Neta o Adicional Agregada. En un principio hasta terminar la instalación del Proyecto mismo, los gastos de Inversión son altos por tiempo, hasta llegar al comienzo de la Producción o generación de Riqueza en tiempo "a". En otras palabras la Producción menos los Costos son la Ganancia o Riqueza Producida en todo momento. La Riqueza Producida todavía no compensa por tiempo los Costos de Producción los cuales no se han nivelado. Hasta llegar al tiempo "b", donde podemos contemplar la situación en la cual la Riqueza positiva de la Producción, por tiempo, es igual a la negativa de los Costos, la cual redunda en cero riquezas netas generadas, con las grandes Esperanzas del futuro.

Es a esta situación a la que yo le llamo ¡**El Despegue Tiempo "b"**!

Después del "Despegue" (b) comienza la operación normal de la Actividad generando Riqueza Agregada hasta llegar al tiempo "c", donde nos encontramos con el Punto Equilibrio, cuando la riqueza positiva generada integrada (+), área A, es igual a la integración de los Costos (-), área B. Después de éste tiempo "c", la Riqueza integrada Neta Adicional Agregada es enriquecimiento Positivo, hasta llegar a tiempo "d" o sea la vida total del Proyecto.

Los Costos incurridos negativos (área B) para llegar al Despegue o Producción eficiente ahora solo pueden ser suplidos por el Capital pagado y/o préstamos selectivos, o sea la riqueza misma, no al alcance de los pobres (individuos o naciones) por productivos potenciales que estos sean. La Deuda Interna Productiva a que se refiere este mensaje SUPLIRIA LO ANTERIOR, LA CUAL

DEBE SER ASCEQUIBLE A TODOS POR IGUAL, SOBTRETODO AL POBRE, y no solamente a círculos pudientes en formas exclusivistas por sutiles que parezcan. Esta es la verdadera igualdad de oportunidades.

Este gráfico es sumamente indicativo y de profundidad filosófica pues no solo representa la situación micro generalizada de cualquier proyecto, sino todas las situaciones generales macro de los pueblos. El mensaje sencillo es que las riquezas generadas de todas las situaciones positivas, por el mismo hecho que tengamos que contar con situaciones limitativas de esta vida, como el Tiempo: NUNCA SON GENERADAS AL UNÍSONO QUE LOS ESFUERZOS, SINO QUE DESPUES DE CIERTO TIEMPO. LOS PROYECTOS BUENOS SOLO PRODUCEN RIQUEZA EN SITUACIONES NECESARIAS AMBIENTALES DE PAZ. BASADOS EN ESA ESPERANZA, LA RIQUEZA O TANQUILIDAD PRODUCIDA SERA MAYOR QUE LOS ESFUERZOS O DEUDAS QUE LA ORIGINARON. LA SITUACION DESTRUCTIVA OPUESTA EXISTENTE ES CONVENIENTE PARA TODOS QUE DESAPAREZCA A TRAVEZ DEL CONVENCIMIENTO POSITIVO.

Esta es la Filosofía de estos Escritos.

¡Ojo! Nos estamos refiriendo solamente a proyectos cuyas actividades redunden en productos mayores que el costo del proyecto en sí, en su integración. Por lo tanto están eliminados los comúnmente mal usados métodos de producir circulante instantáneo para producir dineros necesitados con fines hasta dudosos que usan los muy malos administradores de la cosa pública y que redundan en las inflaciones y pobrezas hartas conocidas: Imprimiéndolo sin ningún respaldo. Esta deuda no solo es mala, es pésima. Por esto es que insisto en separar la deuda buena productiva de la deuda pésima inflacionaria. Se insiste mucho últimamente en englobarlas; ojalá que sea por ignorancia.

Los Pasivos únicamente son deseables si van acompañados de la mayor riqueza generada por ellos. Con las mismas coordinadas de riqueza y tiempo examinemos los dos siguientes gráficos explicativos.

Con las mismas coordinadas de riquezas y tiempo examinemos los dos siguientes gráficos explicativos

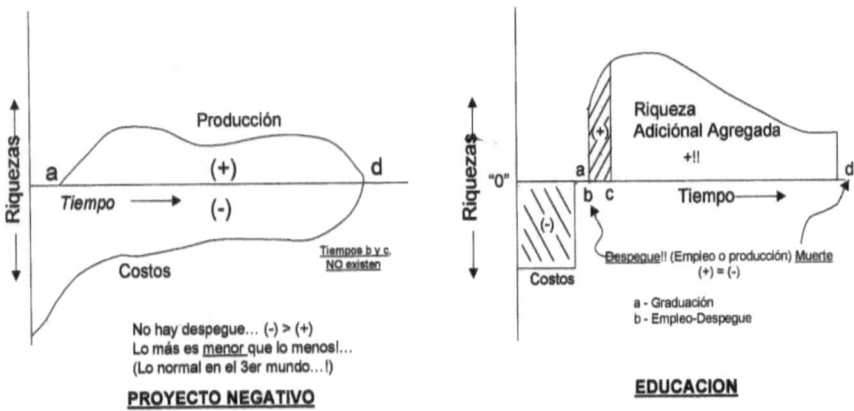

El primero de la izquierda muestra un proyecto cualquieraque NO clasificaría en el nuevo Sistema ya que no produce riqueza neta en ningún tiempo. El segundo de la derecha demuestra la bondad de un proyecto necesario y productivo, como la educación.

El primero de la izquierda muestra un proyecto cualquiera que NO clasificaría en el nuevo Sistema ya que no produce riqueza neta en ningún tiempo. El segundo de la derecha demuestra la bondad de un proyecto necesario y productivo, como la educación.

.Un proyecto así puede ser una buena carretera, la educación o hasta la creación de una ciudad capital como Brasilia. A Juscelino Kubitschek no solo le costó este atrevimiento el escarnio de hasta quitarle sus derechos ciudadanos, sino que según confesó con tristeza, los que más se le opusieron fueron funcionarios locales identificables con los intereses que esta medida trata de proteger. Aunque el hombre no debe de tener como meta el ser aplaudido en vida, a Juscelino algún día se le va a hacer justicia, aunque sea a su recuerdo. Brasilia todavía está allí. La mayoría de sus detractores ya han muerto.

La única forma de combatir estos vectores negativos de intensidad y dirección es con los positivos opuestos de mayor intensidad y dirección, que son los convencimientos integrales de los repetitivos argumentos de la CONVENIENCIA. Esto debe de ser llevado a cabo, no a nivel de empleados funcionarios obedientes, sino en las fuentes poderosas donde originan estos traumas sociológicos y explotaciones vedadas. Allí, aunque parezca mentira, existen siempre más oídos acogedores.

A nivel local cualquier actividad económica o empresa que contemple un proyecto positivo de esta naturaleza, debería ser financiada, de inmediato y sin discriminaciones.

Lo más aconsejable seria que el Estado aporte esta deuda interna en acciones de los pasivos de ella, como en la forma de acciones preferenciales que se explicó antes. Estas serian iguales que las acciones de los "dueños" anteriores. Tendrían los mismos deberes y derechos (salvo el voto al comienzo) y por lo tanto participarían de los mismos riesgos y beneficios, o limitaciones que las acciones que actualmente existen. Como el Estado solo debe ser fiscal y no le debiera interesar, ni es conveniente que éste se vuelva administrador mayoritario, debe ser regulada su participación. Esta regulación deberá tener como metas la venta de esos Pasivos en una Bolsa creada con este objeto, como la descrita, para fomentar la diseminación de la riqueza, la profesionalización de la administración industrial y comercial y la estandarización de las leyes constitutivas de estas actividades. Todas estas regulaciones y estandarizaciones serán limitativas solamente a estas actividades especiales fomentadas por el Estado. Las demás estarán libres, solo sujetas a las leyes comunes, respetando los derechos del prójimo y los prioritarios de la comunidad que debe ser protegida de cualquier engaño o timo disfrazado; pero nunca como ahora haciendo del Estado un garante padrino de las explotaciones sutiles de las mayorías por las minorías como antes descrito.

Como estas deudas internas estarán limitadas exclusivamente a proyectos rentables; es deducible que el Estado será recipiente de los beneficios resultantes de estas actividades. Estos serán resultados de los intereses devengados de las acciones preferenciales, más aquellos recibidos por el mercadeo de acciones de Pasivos (las mismas acciones preferenciales) en la Bolsa de Valores.

Esto simplemente significa que el Estado se paga sus costos; los cuales deberán ser siempre los mínimos necesarios para el cumplimiento de su cabal acometido; si los costos del Estado NO SON los mínimos necesarios "para el cumplimiento de su cabal acometido", ello significaría simplemente que el Estado le está robando a los trabajadores. Como ineludiblemente estos costos serán menores que el total de las entradas, los superávit deberán pertenecer a la comunidad. Nadie representa mejor a la comunidad que los que hicieron posible los resultados positivos en todas las actividades económicas: Los productores o trabajadores; y por trabajadores quiero decir TODOS aquellos que colaboraron en cualquier Actividad Económica registrada, por tiempo no por posición o sueldo. Aunque se peque de repetitivo este aspecto es muy importante. Estos serán pagados en valores comerciales que podrán ser usados para adquirir cualquier pasivo o acción en oferta.

A manera de ejemplo y suponiendo que el proyecto descrito ya esté en su estabilización cinética; el Estado supongamos que del total que devengue de sus entradas (11% de las acciones preferenciales, venta de las mismas en la Bolsa u cualquier otra actividad adicional que sin competir con los ciudadanos signifique entrada positiva) necesite para el mantenimiento un mínimo necesario de un 40% del total de las entradas cuando la producción llegue a su nivel óptimo y cinético para el mantenimiento gubernamental del total de sus entradas; (mantenimiento de todos los ramos gubernamentales, bolsa, extraordinarios, fondos de reserva, etc.). EL RESTO, O SEA UN 60% DEL TOTAL DE LOS PASIVOS GENERADOS ADICIONALES (GANANCIAS) DEL ESTADO, SERIA REPARTIDO ENTRE LOS TRABAJADORES que voluntariamente formen parte del sistema, a base de persona-tiempo.

Esto no es ninguna quimera. Todo lo sugerido es además una realidad fehaciente que hace en efecto al pobre como accionista fundador o refinanciado de cualquier proyecto y a todo productor o trabajador al cabo de cierto tiempo como verdadero partícipe o dueño en la tenencia de acciones en la actividad de su escogencia; lo que constituye LA VERDADERA REVINDICACION DE LOS DERECHOS DEL TRABAJO. Haciéndolo accionista de cualquier empresa y que entonces partícipe de sus riesgos y beneficios.

La palabra trabajador u obrero no es muy de mi agrado por el momento, pues está asociada y programada a odios de clase y explotaciones, por eso es que a veces uso "productor" o "colaborador" en su vez; pero representa la verdad de la actividad. La mayoría de las inquietudes obreras han terminado con más explotaciones, cacareos y promesas fallidas por todos los bandos, por los prometedores que una vez que obtienen el sartén por el mango se olvidan de donde vinieron y por qué están allí, y por los que tratan de estirar la explotación al máximo posible permitido.

Lo anteriormente descrito si se quiere no es nada nuevo con respecto a los accionistas. En una empresa que tiene una relación Deuda/Capital de 40/60%, los accionistas NO reciben actualmente más con el 40% del NETO de las ganancias, después de restados los costos bancarios, que los hay directos e indirectos, mas todos los demás costos (impuestos directos e indirectos y otros). Lo que sucedería sería que las energías que cuestan ahora un 60% del superávit las aprovechará la comunidad

(Gobierno y productores/trabajadores) y se sublimarían hacia la creación de actividades de aún mayor desarrollo y progreso. Esto no es nada complicado y sería ridículo no implementarlo.

No se debe de confundir lo anterior con las llamadas "economías mixtas" o inversiones mixtas, (privadas y del Estado). Esta situación difusa da la impresión de una tregua o del mal arreglo negociado como mal menor de dos enemigos. La realidad es que todos somos los mismos y lo que aquí proponemos se debe hacer, es de mucho mayor justicia, además de eliminar actividades oficializadas y parcializadas contra el que no tiene el capital para comenzar a producir, como las bancarias cuando éstas son respaldadas por la comunidad y por lo tanto se prestan por antonomasia a perennizar los status quo de explotaciones, sutiles o no, de los mas por los menos.

Para nuestros propios fines es de suma importancia anotar que al deshacernos con ahínco de las programaciones mentales negativas a que hemos estado sujetos, vendrán apreciaciones positivas que van a cambiar o incidir en nuestros sucesos en formas sumamente básicas. Nuestros marcos mentales serán bondadosamente afectados tanto entre individuos, como en las relaciones entre Estado e individuo y muy importante, en las relaciones entre naciones.

Me refiero a mecanismos que ya están siendo usados, si se quiere en formas "pegosteadas" (pegadas de mala forma) y hasta egoístas, que al ser reconocidos, fomentados y endosados por el Estado, van a ser entonces aprovechados para el incremento de la Riqueza y mejoramiento de las masas e individuos en los aconteceres diarios.

El mecanismo más importante, al institucionalizarse el respaldo al Circulante con la Producción proyectada con sus factores paralelos antes descritos, en vez de ningún patrón o reserva, es el énfasis e importancia que tiene la riqueza POR TIEMPO, en vez de la riqueza acumulada. Es por esto que al no necesitarse NUNCA cancelar los Principales, que es a lo que estamos acostumbrados en los préstamos financieros actuales, lo que importa son los pagos o producción por tiempo. He aquí el verdadero sentido de lo que yo llamo PASIVO PERMANENTE. (Lo que actualmente llamamos Capital no es nada más que esto: Un Pasivo Permanente).

XVI.- EL ESTADO DEBERÁ SUPLIR LOS CIMIENTOS ECONÓMICOS NECESARIOS

Aunque en otra parte se menciona la Libertad de Expresión como básica para un buen desarrollo, cabe aquí repetir que la Comunicación ideal y más deseada es la inmediata de los pueblos hacia sus líderes. Lo ideal en una democracia pura que no puede existir en este mundo, sería que ésta siempre sea la expresión del bienestar de los pueblos y por lo tanto su deseo. Aunque lo anterior sea quimérico, ésta tiene que ser la meta.

Al no ser las soluciones estáticas se debe de hacer uso de todas las metodologías más recientes. Los desarrollos de estas como están basados en las demandas son despaciosos cuando se trata de cuestiones cívicas y no necesariamente comerciales. A pesar de los avances lo notamos como expresé, en la mayoría de las oficinas de los gobiernos; sellos, papeleos, "red tape", suciedades, poca educación, etc. Lo mismo sucede con los procesos electivos. Con la modernización computada tienen que venir mejores metodologías para las consultas populares. La meta mediata es que el individuo en formas NO ENGORROSAS pueda expresar sus inclinaciones en consultas si se puede casi perenne, y que a la vez se puedan cuantificar rápidamente.

Todas estas ansiedades constituyen retos a las mentes inventivas y creativas. Ahora que las demandas para cambios necesarios ya se están haciendo sentir fuertemente no veo razón porqué no se avance más en estos rumbos. En otras actividades (como la lotería) ya se han logrado mejoras sumamente llamativas. Está en los Gobiernos incentivar estas mentes.

Expresé antes que todas las soluciones son búsquedas, no encuentros. También expresé que muchos esfuerzos se han desperdigado tratando de explicar en fórmulas con las suficientes incógnitas como para que la mente comprenda el porqué de los sucesos humanos y/o económicos. Está claro que al obtener estos resultados se le podrán entonces plasmar al hombre soluciones concretas para así resolverle todos sus problemas.

Todo esto sería facilísimo SI EL HOMBRE FUESE ABSOLUTO. Pero las criaturas no solo somos relativas, sino SUMAMAMENTE PEQUEÑAS en lo relativo a la exactitud de lo Absoluto. Nuestro gaznate y nuestros atrevimientos ignorantes soberbios y atorrantes son los que son de "sacar raza", como se diría en criollo. (Alimento para más consideraciones del Más Allá).

Y no es que las soluciones no sean sencillas. Son nuestros endiosamientos temporales y la falta de humildad grande, los factores que nos enredan.

Yo soy muy admirador del proceso revolucionario norteamericano. Es para deslumbrar el observar histórico de como se reunieron gente supuestamente ignorante y forjaron documentos tan profundos que han afectado las orientaciones humanas. Los estudiosos sociales lo podrán explicar como psicoterapias de grupo donde en reuniones de ambientes constructivos, los resultantes son las sumas de los aportes positivos (al revés de las de violencias donde los resultantes son el común negativo). Los religiosos podrán atribuir esto a las inspiraciones divinas pentecostálicas. Sea a como fuere las aplicaciones de sus Principios hacia las buenas búsquedas de soluciones prácticas son las que nos atañen.

Lo más importante de este proceso es el un hecho concluyente, que si algo no es lo deseado en la búsqueda y resultados, éste puede ser cambiado a base de controles y ajustes (checks and balances). En otras palabras, sin entrar en razonamientos extensivos, sí el resultado de lo deseado no está de acuerdo con los fines de lo buscado, éste puede ser ajustado a base de lograr resultados positivos hacia la meta deseada.

Sobre este Principio es que se debiera orientar toda nueva búsqueda.

Entonces, habrá Índices Económicos que serán ajustables en formas cinéticas hacia los resultados deseados. Una Comisión especializada se encargará de estudiarlos. Los miembros de ésta Comisión, así como cualquier otro funcionario que relacione al Estado con la comunidad, deberán de pasar y llenar los requisitos mínimos requeridos.

Lo más importante es que estos índices deberán relacionar cuantitativamente la Producción más que la moneda.

Los Índices que se fijarán serán entre otros: Las Programaciones regulatorias para que el Estado fije las circunstancias de Comercialización de los Pasivos, lo que en efecto signifiquen las Necesidades Básicas, el Patrimonio Mínimo, las Multas y sus diferentes formas justas de pago, la Deuda y su Programación, los patrones de Metas y Proyecciones, etc., y otros por el estilo que puedan ser creados por una Comisión y debidamente refrendados.

Los miembros de esta Comisión, como todos los representantes del Pueblo, serán responsable directamente ante éste y regulados por las mismas condiciones de consultas perennes resultantes.

Aunque el circulante no debiera de tener relación con ningún patrón, ni con depósitos sumisos de alcancía de los Bancos Centrales o en otros Bancos de países industriales, sino con situaciones reales Interrelacionadas que ya explicamos, siempre va a existir es obvio una moneda como circulante de intercambio. Esta estará debidamente bien manipulada para el bien de los pueblos lo cual se va a notar en formas más computadas que las existentes. Por lo tanto ésta tiene que ser sujeto de cambio en mercados libres como todas las monedas. Salvo para las transacciones legales y oficiales, habrá que estudiar el principio que cualquier moneda pudiera correr en nuestro modelo. El libre albedrío se encargará de fijar los parámetros y de relacionarlas todas a la moneda nacional, que es con la que funcionará el sistema de Deuda para producir.

Plan Esquemático del Nuevo Orden Económico aquí propuesto

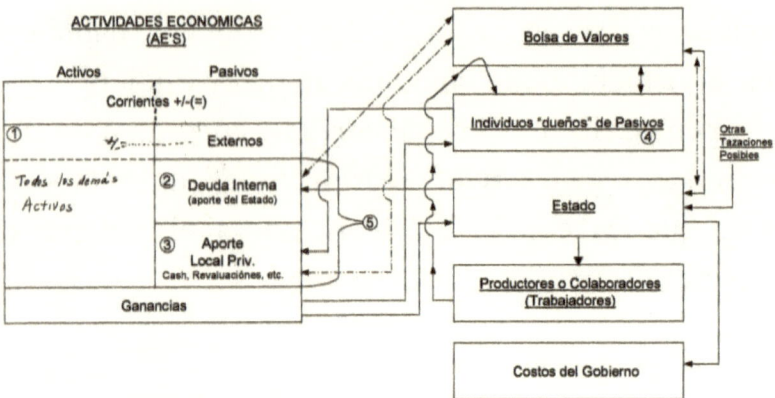

1 Puede ser Maquinaria o cualquier Bien o Servicio Importado
2 Acciones Negociables (Pasivos) del Estado - Antes todas las deudas Pagables
3 Antes llamado Capital Contable
4 Antes Accionistas del Capital
5 Acciones iguales todas
Un punto importante: Lo que actualmente recibe el capital deduciendo TODOS los gastos (bancarios, financieros, impuestos, etc.) Es casi siempre menor que si pagara a 2 participación en Pasivos - sin pagar impuestos corporativos; como aquí propuesto.-

XVII.- ORDEN ECONÓMICO PROPUESTO; EXPLICACIÓN AL GRÁFICO ANTERIOR.

Basados en los factores descritos anteriores es que me atrevo a sugerir soluciones, las cuales parten de los principios morales antedichos mas las conjugaciones de las circunstancias que deseamos todos mejorar; todo ello dentro del ambiente seguro pero relativo de las búsquedas.

La Deuda para Producir, llamémosla así, es básica. Es un principio filosófico que implica que no debiera de existir ninguna traba para todo aquel (sea ésta persona o entidad) que desee producir riqueza. Este deseo en los momentos en que vivimos está supeditado al Capital, el cual es un Pasivo al igual que la Deuda, con la diferencia que la mayoría de las veces su adquisición no es de obtención popular fácil. Al hacerse uso de la Deuda para producir se está logrando que la herramienta indispensable para la obtención de la Riqueza sea asequible a todos. EL Principal de esta Deuda, igualmente nunca se tendrá que pagar a ninguna institución prestamista o banco al igual que el Capital.

Lo actual es una situación muy injusta. Se le está negando a la Sociedad en general y al Individuo en particular la oportunidad para producir, por el simple hecho de no ser rico. Se le está negando la oportunidad al pobre que quiera trabajar (país o individuo) y ser rico, por no ser ya rico. Esta es una regla general, por supuesto que hay excepciones, pero lo básico es cierto: Se necesita ser rico para ser más rico. Esto constituye un círculo vicioso que redunda en resentimientos sociales por parte del que no tiene y desea tener, y aislamientos ridículos de círculos cerrados de parte del ya pudiente. La riqueza es buena. No debiera de despertar envidias si las oportunidades no fueran exclusivistas.

Doy a continuación una forma para que un Estado promueva la Producción sin discriminaciones. La premisa es sencilla: El proyecto tiene que ser bueno. ¿Y cuál es la autoridad competente que pueda decir si un proyecto puede producir más que lo que cuesta? Alguien que sepa de éstos andares y proyecciones; no está pegado en ninguna nube. Lo que sí debe de quedar claro que este derecho o especialidad también adquiere el deber de responsabilidad (premio o pena) permanente. Que no sea cuestión de entregar proyecciones y luego escabullar el bulto.

Parto de un Balance normal; del lado derecho de un Balance económico corriente: de los Pasivos. Entre éstos se encuentran los Pasivos a no dueños de acciones, a Bancos o Instituciones protegidas que inclusive dan tiempos no necesariamente convenientes a sus préstamos que no siempre tienen que ver con el tiempo de producción o vida del proyecto en sí. Lo que aquí propongo es que se entre en Deuda sin necesidad de respaldos hipotecarios Al ser dueño de acciones el Estado -por medio de la Bolsa de Desarrollo- al comienzo, no es necesario hipotecas para este Pasivo en estos proyectos sanos, basando su solidez únicamente en la bondad del proyecto mismo: Que la riqueza producida sea mayor que los costos o riqueza necesitada para que pueda ser producida. ¿Cómo podríamos cuantificar la cantidad de proyectos que no se han llevado a cabo en los países del tercer mundo por la falta de Capital inicial y/o por la "falta de Crédito bancario"? ¿Y de la riqueza no computada intangible o ni siquiera la tangible que produce la actividad económica?

Los beneficiados directos de los programas de financiación de Activos por medio de la Bolsa de Desarrollo serian todos aquellos que tengan un buen proyecto y aporten un mínimo de riesgo no necesariamente siendo ricos. Por supuesto que lo ideal sería que las necesidades solamente fueran de Bienes y Servicios locales cuando la verdad es que habrá demanda también de Bienes y Servicios importados. Si los suplidores de estos Bienes y Servicios no los pueden aportar como acciones tendrán que obtenerse las divisas necesarias en un mercado libre de las mismas (como los existentes en la mayoría de los casos), el cual también podría estar también localizado en la Bolsa de Valores. Por ende es de suma importancia dar prioridad a los proyectos de bajo uso de bienes y servicios importados. Por suerte gran parte de los proyectos de Desarrollo y producción de alimentos básicos como la agricultura, ganadería y pesca son de éste tipo.

El ahora llamado Capital; patrimonio casi solo de los ricos no es nada más que un Pasivo Permanente. Los Pasivos generados del sistema sugerido sí tendrán carácter de permanencia.

Son las negaciones que se les hacen a los pobres.

Yo estoy seguro que todos esos palos de ciego y búsquedas frustradas no son sino exteriorizaciones de las inquietudes de los sutilmente explotados.

Antes se podía señalar al malhechor con el dedo. Con las sutilezas del progreso el pobre, quien es el más interesado y el menos preparado, tiene dificultades y se equivoca mucho al querer enderezar entuertos. Aquí es cuando los avezados aprovechados, verdaderos explotadores, ladrones y peores administradores hacen sus agostos como lo estamos viendo a diario en el mundo. Por buenas que hayan sido las intenciones iniciales siempre es el pobre quien termina pagando todas las equivocaciones.

Son los sistemas y no necesariamente los individuos los que tenemos que cambiar. Y es a los países desarrollados que patrocinan las situaciones actuales a los que tenemos que convencer. Yo esgrimo aquí el gran argumento convencedor de la CONVENIENCIA. Les conviene a los que tienen, que el pobre se enriquezca y les son de lo mas inconveniente las inmigraciones y oleadas contagiosas inatajables de miseria y enfermedades que produce la pobreza.

Prosigo con la explicación breve del gráfico:

-Numero 1- Los Pasivos y Activos Exteriores (Bienes y Servicios Importados>Exportados/Divisas) son objeto de enfoques distintos. Tienen que ver con la postura internacional que tomen los pueblos entre sí, sobretodo los países industrializados. Cualquier país que desee desarrollarse necesita de Bienes y Servicios Importados los cuales son imprescindibles en los primeros pasos. Que postura se toma depende del convencimiento conveniente que se esgrima y encare, como lo veremos más adelante. Como regla general deberán ser lo más pequeños posible, por lo anteriormente expresado.

-Numero 2- La Deuda Interna la aporta principalmente el Estado, por medio de Acciones/Certificados Preferenciales después que el Proyecto ha clasificado por un cuerpo o Comisión económica que se dedicará especialmente a esto y que demorará el mínimo tiempo necesario para el cumplimiento de su acometido. Los valores antedichos emitidos podrán ser negociados libremente en una Bolsa de Valores creada primordialmente para esta finalidad una vez que el proyecto reporte ganancias, o sea que puedan ser compradas a la Bolsa y se conviertan en Acciones Comunes igual a las demás. Dicha Bolsa deberá ser cuidadosamente estructurada ya que será importantísima su función; sus Estatutos deberán ser sumamente sencillos, elásticos y estandarizados.

-Numero 3-. Los Activos Locales, el ahora llamado Capital, será el aporte inicial de los fundadores del Proyecto. Los valores en que se estime este aporte podrán ser, no necesariamente los del mercado de ese tiempo sino los que se estimen sean los del Proyecto ya funcionando, calculados en formas conservadoras. Las reevaluaciones de Activos de todas maneras se hacen, pero cuando más se necesitan es al comienzo. De nuevo, la persona o entidad que haga estas evaluaciones aceptadas por el Estado deberá tener responsabilidad penal o civil por sus opiniones.

El -Número 2- sumado al -Número 3- Será la total cantidad de las acciones emitidas, o sea el -Número 5-.

Las Ganancias se repartirán en las debidas proporciones a los Dueños de Pasivos -Número 4-, El Estado siendo uno de ellos, (solamente el 11% sugerido), después de pagar sus Costos de Gobierno, repartirá el sobrante, por tiempo/persona, a los Trabajadores/Productores de las Actividades Económicas registradas en el Programa, convirtiéndolos en más Individuos dueños de Pasivos (Acciones), quienes a su vez podrán aportar en las Actividades Económicas o empresas de su escogencia y/o negociar sus valores a voluntad, en la Bolsa de Valores.

El esquema descrito representa en forma escueta el Despertar Económico de un pueblo. No es nada nuevo. Se debe llevar a cabo en forma integral programada, no pegosteada o improvisada. Necesita de la Paz y la confianza en el futuro; la falta frustrada de lo anterior solo puede ser contrarrestada con la tranquilidad de un Buen Gobierno. Todo está interrelacionado.

XVIII. ALGUNAS INCIDENCIAS POSIBLES ADICIONALES Y CONCURRENTES BASADAS EN LA DEUDA PRODUCTIVA

Examinemos, como un comienzo, lo que podría suceder al fomentarse el contenido de este libro como un Principio Básico (Deuda controlada accesible a todos exclusivamente para proyectos buenos), se van a poder observar cambios paulatinos en nuestro modo de operar, es decir en nuestro modo de vivir. A saber:

a) <u>El interés económico o bancario.</u> En el sistema monetario actual, en formas puras que no son existentes, el interés es un resultante de la oferta y la demanda de sumas de dineros. Pero lo importante es que ya se ha adecuado la producción por tiempo, al Principal. En otras palabras, es lo mismo económicamente hablando, producir 100 pesos anuales que tener ahorrado un Principal de 1000 pesos, suponiendo que el interés fuese de un 10%. En los mercados fuera de este sistema (Sin el apadrinamiento del Estado), seguirá como en las formas actuales con los factores adicionales del caso que pueden ser regulados por el Estado por medio de sus economías dirigidas centrales. En cuanto a la Deuda Productiva o los Pasivos que dentro del sistema sustituirán a las deudas bancarias, los intereses podrán ser por lo menos el crecimiento más la inflación normal; además se tiene que considerar la oferta y la demanda. De los anteriores factores es que se escogió el 11% preferencial como una aproximación ajustable. Ejemplo, la inflación normal deberá ser un mínimo.

b.) <u>Incidencias con los Bancos Privados.</u> Las Instituciones Financieras o Bancarias, ya sean extranjeras o nacionales podrán seguir funcionando en un sistema de libre oferta y demanda, pero nunca con la protección del Estado. La nueva Ley Bancaria que las regule se limitaría solamente a proteger al ciudadano usuario de estos servicios así como al depositante contra cualquier timo y/o engaños exóticos como fiscal garante de la comunidad y no de esas Instituciones. Talvez uno de los prerrequisitos para la obtención de la licencia podría ser la publicación periódica de sus actividades dando a conocer los nombres detrás de las compañías o sujetos que se están beneficiando con los dineros del público o depositarios. Siempre deberán existir encajes justamente estimados, mas nunca garantizados por el Estado; esto último debe ser bien comunicado al público. Los garantes responsables criminalmente de cualquier retiro que no exista en caja serán los Directores y/o la Compañía dueña del Banco. Aquí es donde la buena comunicación deberá ser usada por el Estado para que en lenguaje corriente le haga saber a los usuarios de los servicios ofertados NO garantizados por el Estado, así como los deberes y derechos voluntaria y conscientemente adquiridos.

Será también deber de los Bancos tener en TODOS tiempos informados a sus clientes y/o depositarios EN QUE están siendo usados sus dineros y SOBRETODO obtener periódicamente su aquiescencia y permiso; quizás hasta en forma particular para cada operación y no un permiso ciego y generalizado al principio. Pero también tendrán derecho de cobros por depósitos que voluntariamente no toman riesgos. Siempre tendrán responsabilidad civil o criminal los funcionarios y directores de ese banco fuera del sistema por cualquier crimen o falta de cumplimiento de estos preceptos; pero básicamente la actividad en si será libre con la limitación normal de deberes y derechos y la buena comunicación.

c.) La Producción o Pagos por Tiempo, van a tener mucho mayor ascendencia que el Principal o Capital, al revés de ahora. Al institucionalizarse el Principio que el Principal va a ser poco a poco reemplazado completamente al pago por tiempo, la importancia va a recaer en la PRODUCCION de los Cien pesos anuales y no en los Mil pesos de nuestro ejemplo anterior. Esto, en formas pegosteadas de nuevo, ya se está viendo en los "créditos" o préstamos que se otorgan al consumidor. Este sin embargo, padece de inquietudes y faltas de paz y a pesar que abona periódicamente cantidades con intereses superiores al mismo mercado, se siente que DEBE en forma inquietante, el principal, o sea el total del sujeto del crédito de consumo. El individuo ahora al tener en vez acciones preferentes, se limitará en paz, solamente a los pagos de los intereses, para seguir con nuestro ejemplo.

d.) <u>De las Incidencias en la vida cotidiana en general.</u> Las siguientes elucubraciones, aunque para muchos pudiesen ser consideradas quiméricas, están en la realidad de las posibilidades:

Cualquier individuo podrá, para solicitar que el Estado (La Bolsa) adquiera acciones preferentes en forma personal para adquirir Activos (Enseres, etc.,) para su bienestar personal o de su familia. La cantidad máxima dependería de la proyección personal de su futura capacidad de pago –considerando nada más que su persona, (no su apellido ni su bolsillo), como su trato, educación, historial, etc.--. Un sujeto que por ejemplo produce y paga 100 pesos mensuales en consumo, digamos que también produce y paga 500 pesos periódicos mensuales en renta o en abono a principal e intereses para la compra u obtención de la propiedad "privada" de su residencia. A pesar que aún en la actualidad ya casi solo hay diferencias semánticas entre la renta y los abonos periódicos iguales a principal e intereses a 30 años, al individuo o familia, le bastará CON SOLAMENTE PRODUCIR EL EQUIVALENTE AL INTERÉS DEL PRINCIPAL POR PERIODO PARA HACERSE ACREEDOR DE SU HOGAR. Esta cantidad deberá ser MENOR que los 500 pesos por mes a que nos referimos antes y por lo tanto representará esfuerzos menores individuales, que son los perennes del hombre común, para el mismo acometido. Toda diferencia de esfuerzo seria sublimada hacia mayores incrementos en la riqueza productiva.

De nuevo tomando solo como un ejemplo el caso anterior, cualquier pago fijo periódico podrá completamente reemplazar al Principal o Pasivo de cualquier deuda. Automóvil, enseres domésticos, etc. El ajuste sencillo que vendría a cabo sería que al presupuestarse una cantidad fija digamos mensual, para enseres domésticos por ejemplo, esta deberá ser el promedio actual posible por período del valor integrado de la deuda. Como es de entender todos los Activos varían de Valor con el Tiempo. Ya pronto se podrá observar como las ofertas de los bienes en las tiendas, por ejemplo, serán ofertadas, no a su precio total, sino por sus pagos por tiempo. También habrá fórmulas por medio de las cuales se podrá saber en forma inmediata y electrónica cual es la saturación crediticia de cada individuo para pagos por tiempo basados en su historial y cálculos actuariales de probabilidad proyectada en forma integrada. Esto abre más retos a las soluciones inventivas de avanzada, sobretodo en el campo de la computación electrónica.

e.) <u>Incidencia en los Seguros en General.</u> Los seguros deben ser tratados como toda relación con la comunidad o público. El principio a guiarnos seria el mismo que con los Bancos, con la salvedad que hay ciertas actividades de bien común que atañen al Estado asegurar, con el mismo factor actuarial universal que regirá sus actividades (ejemplo: la muy posible eliminación de los impuestos si estos son sustituidos por excedentes del sistema), así como todas las actividades de la vida o "actos de Dios". Todos sabemos como funcionan los cálculos actuariales para por ejemplo calcular las primas de los seguros. Simplemente las Compañías de Seguros, con las infladas cuotas o primas de los asegurados hacen una caja común para poder subsanar los pagos en los que un asegurado incurra. En otras palabras esta Caja Común de los asegurados deberá ser lo suficiente como para cubrir los percances individuales (basados en experiencia actuaría y/o oferta y demanda). Además deberá existir un "colchón" de seguridad y en la actualidad además de subsanar los gastos y generalmente enormes sueldos de la administración de ese fondo, o "Caja Grande", deberá ser lo suficientemente abultada para todavía suplir para Ganancias y Reservas. La cantidad que cada asegurado aporta a la Caja anteriormente descrita para asegurar o cubrir el riesgo deseado es resultado del cálculo actuarial. Este proviene de los estudios estadísticos de la experiencia. Cuando no se tiene ésta, generalmente se apela a sentidos comunes con un enorme "colchón" conservador. Generalmente éstas Reservas son invertidas en Activos Fijos como edificios, pero algunas son bifurcadas hacia otras actividades. Muchas de éstas moles son monumentos de cemento expresivos de estos andares, además de los ya muchos conocidos manejos dolosos.

Lo anterior mejorando la comunicación o información de la empresa al individuo para que sepa a ciencia cierta en lo que está incurriendo, constituye una actividad libre prerrogativa dentro del albedrío del individuo como se expresó antes. Definitivamente no debe de tener respaldo del Estado y mucho menos suplírselo facilitándosele Pasivos aunque fuesen de Deuda Pública Interna, a como se ha visto en algunos escándalos, ya que ésta es patrimonio de la comunidad o pueblo y no de ningún grupo privilegiado. Lo que sí es de suma importancia observar es que al final, el inflado pago periódico, que en este caso está representado por la prima anual (éste puede no ser igual por muchas razones adicionales), o la integración de estos pagos es MUCHO MAYOR QUE LA SUMA ASEGURADA.

Volviendo a nuestro ejemplo, el individuo en este "Nuevo Orden", podrá cotizar cantidades periódicas de su producción, para diferentes beneficios o Seguros. Estos serán, para que puedan participar de los programas respaldados por el Estado, únicamente aquellos escogidos por éste, no suntuarios o de derroche. Seguros Médicos, Retiro y otros por el estilo aprobados por una Comisión Estatal fundada para estos casos. Es de suma importancia observar que los cálculos Actuariales para estos casos no necesitan de los colchones de seguridades y ser tan conservadores como en las compañías de ahora. Esto se debe a: a) que no necesitan de Reservas, b) que al eliminarse las comisiones y otros, sus costos administrativos son mucho más bajos y c) no hay que considerar ganancias y sobretodo d) que los riesgos más elevados o fluctuaciones en todas las actividades son las ambientales, como el Interés, Paz, Esperanza , Actos de Dios y otros, YA SON CONTROLADOS O ASUMIDOS POR EL ESTADO a través del manipuleo bueno, y hasta computado y programado, de los factores que los inciden, como dijimos antes.

Como un ejemplo explicativo. Si la vida productiva del individuo se considera en digamos cuarenta años, su entrada por año para su retiro será lo que se haya separado dividido entre el promedio de vida local menos cuarenta. Lo que se separe en sumas iguales en la vida productiva para este menester, o para cualquier otro beneficio, en cuanto a sus formas y cantidades, también deberá ser un reto fácil a las mentes creativas.

Siguiendo sobre el mismo tema, tenemos que el individuo o familia tiene presupuestado porcentajes de sus entradas para ciertos beneficios programados que desea, 25% para vivienda como un ejemplo, otro porcentaje para enseres de casa, otro para automóvil u otras necesidades, etc. Siempre le deberá sobrar cantidades variables disponibles para la vida holgada y libre no programada. Estos porcentajes de por sí, deben ser sujetos a cálculos actuariales y por lo tanto si se desean, pagando la cuota adicional, NO sujetos a riesgos de devenires y mala suerte.

Lo anteriormente descrito, así como otras circunstancias adicionales constituyen, como dijimos antes, un reto interesantísimo a las mentes creativas. Los nuevos parámetros resultantes darán mayores oportunidades a la creatividad del hombre.

Por supuesto que se debe de tener buen ojo para siempre usar de la buena información para las escogencias libres y sobre todo para resguardarse de los nuevos timos, que también deberán ser fuertemente castigados como todos los crímenes comunes. Justamente para evitar estos timos es que se debe regular para obviar formas que se presten a peores males explotadores sutiles. Al Estado corresponde con muy buena comunicación, dar a conocer al público de sus deberes y derechos, pero no obligarle, aunque sea por su bien en determinados rumbos. Con la regulación de las relaciones entre los individuos y la comunidad se ayuda y coadyuva hacia este bienestar por medio de las licencias, exámenes y sobre todo con la correcta y masiva información a la comunidad, seguidos de los fuertes castigos por sus infracciones que el Estado como buen Fiscal y representante de la Comunidad, <u>deberá siempre informar y resguardar</u> para el bienestar popular, pero nunca obligar.

Franklin Delano Roosevelt
(USA, 1882-1945)
Abogado, diplomático y político.
Ganó las elecciones de USA en cuatro periodos:
1932, 1936, 1940 y 1944.
Presidente desde Marzo 4, 1933 a Abril 12, 1945.

LOS LLAMADOS MODELOS SON SOLAMENTE DEMOSTRATIVOS PARA TRATAR DE EXPLICAR LAS INCIDENCIAS TEÓRICAS A LAS QUE SE CREE PUDIERAN LLEGAR A SER LAS REALES. LAS CIFRAS QUE SE TOMEN SON INMATERIALES, LO IMPORTANTE SON LOS PROCESOS. TODOS ESTAN RESPALDADOS POR HECHOS PROBADOS. LA VERDAD SENCILLA ES QUE SI AL POBRE SE LE LIMITAN LOS CAMINOS PARA QUE SALGA DE SU MISERIA, SE ESTÁ COMETIENDO UN ATROPELLO MÁS CRUEL QUE CUALQUIER IMPERIALISMO ARMADO. ESTOS ATROPELLOS VEDADOS RESPALDADOS POR CONOCIMIENTOS EXÓTICOS, DERIVADOS O MALÉVOLOS, NO SOLO SE COMETEN EN FORMA MACRO DE PAÍS RICO A PAÍS POBRE, SINO MICRO AÚN EN LOS MISMOS PAISES DESARROLLADOS DEL RICO AL POBRE, QUE PUEDE SER EL HOMBRE MEDIO, HONESTO, QUE SUDA, SE PEOCUPA Y PAGA IMPUESTOS. SI CON TODO CON LO AQUI EXPUESTO SE PUEDE MITIGAR Y SUMAR EN ALGO, ME SENTIRÉ FELIZ Y AGRADECIDO...

XIX.- MÁS COMENTARIOS ADICIONALES GENERALES SOBRE EL PLAN ESQUEMÁTICO SUGERIDO USANDO LA DEUDA PARA PRODUCIR

Para poder explicar el Plan Esquemático anterior que contempla la integración de la Deuda Interna en un proyecto sano es menester primero aclarar conceptos.

La mejor forma de entrar en Deuda Interna para producir es que el Estado, en vez de ninguna institución bancaria, fuese el dueño de los Pasivos permanentes en la misma forma que el Capital. Los dineros para suplir estos Pasivos son la Deuda Interna para Producir. Para los que están formando un Proyecto Nuevo y no deseen perder la mayoría en la administración del mismo, existen mil y una forma de lograr esto; Acciones con Voto restringido,

Acciones Preferenciales con voz pero sin voto, Contratos de Retro compra, las Acciones Iniciales de los Promovedores del proyecto pudrían tener el Valor que se estima sea el valor de Mercado una vez iniciado el Proyecto, etc., etc.

Yo sugiero que una vez estudiado y aprobado el Proyecto, el Estado adquiriese acciones preferenciales al 11%; Cualquier proyecto que no rente por lo menos el 11% neto, (el 11% sería nada más que la renta de PARTE de los Pasivos -Acciones Preferenciales-), quizás no valga la pena en estos tiempos llevarlo a cabo por la Empresa Privada. Estas acciones una vez sean adquiridas en la Bolsa (por los demás socios o por cualquiera), se convertirán en Acciones Comunes igual que las demás. En lo personal yo tuve muy buen éxito atrayendo varias inversiones extranjeras con un mecanismo parecido.

Todas estas modalidades deberán ser posible en formas cinéticas que no destruyan el FIN de lo que se desea, pero lo más importante es que se lograría que cualquiera persona o Entidad que promueva un Proyecto cuya rentabilidad sea más alta que su costo podrá llevarla cabo con la sola base que el proyecto sea bueno (A). Los aportes locales (No. 3 en el grafico de la página 157), podrán ser en aportes de Activos Fijos, el poco Efectivo que se tenga a disposición, reevaluaciones etc.; pero lo importante es que no será necesario disponer del Gran Capital o de Créditos para comenzar una Actividad Económica rentable deseable para el desarrollo y enriquecimiento de todos (los promovedores y los que se benefician con el movimiento económico).

Esto es lo que necesitan los Pueblos desheredados del Tercer Mundo en vez de dádivas falsas que tienen visos de paternalismos hipócritas. Y es éste además el mensaje que deben dar los líderes de los países industrializados a sus pueblos en vez de hacerles creer en posturas pontificias olímpicas que hacen meditar a estos mismos pueblos, CON JUSTA RAZON, acerca de la bondad de ayudar a otros países versus la necesidad de cubrir necesidades locales. La verdad es que NO TIENE NADA QUE VER UNA COSA CON LA OTRA. El pagar al contado con Deuda Interna (patrimonio de todos) a los suplidores de Bienes y Servicios (movimiento económico) versus mejorar un tugurio de los Sin/Casa (desposeídos) o acelerar un programa de educación local, son harinas de distinto costal aunque se las quiera hacer ver como de la misma. Les es CONVENIENTE a los pueblos de los países industrializados ayudar a enriquecerse a los países pobres y no debe de sufrir el hombre corriente paga impuesto de esos países ricos con éstos quehaceres. Los profundos en materias de lo que refiero, saben de lo que estoy hablando.

¿Quiénes serían los beneficiados de los programas de financiación de Activos por medio de la Bolsa de Desarrollo? Cualquiera que tenga un buen Proyecto. Lo ideal sería que la necesidad de Activos fuesen solamente de Bienes y Servicios locales; la verdad es que gran parte de las necesidades serán de bienes y servicios importados, sobre todo al principio.

También sería ideal que los países o personas suplidores de estos bienes y servicios no producidos localmente los aportaran en la moneda nacional por medio de la bolsa de desarrollo, al igual que cualquier comprador de acciones a base de la formación del proyecto integrado. Cuando las aguas se nivelen se va a poder inclusive cambiar libremente si se desea las monedas originales.

En última instancia habrá que adquirir estas divisas como siempre se ha hecho, en los mercados existentes que muchas veces son libres. Por eso es de suma importancia dar prioridades a los proyectos de bajo uso de Bienes y Servicios Impostados. Dentro de éstos están como expresé antes, los de producción de alimentos básicos, agricultura y ganadería y gran parte de los urgentes para el Desarrollo de los pueblos pobres.

XX.- POSIBLES INCIDENCIAS QUE EL SISTEMA SUGERIDO PODRIA TENER SOBRE LOS IMPUESTOS Y SOBRE LA INFLACION

Al referirnos con anterioridad a las ganancias o aumentos en los pasivos, o sí se quiere, al correspondiente activo que acompaña a esta riqueza incrementada por una actividad económica, hicimos una aseveración real. Dijimos que en una empresa normal actual, con una relación deuda/capital de unos 60/40%, las ganancias netas serian muy menores, después de habérseles deducido los costos de gastos bancarios, impuestos y otros, como actualmente se practica.

Esto significa que los llamados impuestos, exclusivamente para las actividades incorporadas al sistema, pueden ser eliminados cuando las entradas generadas al Estado por la actividad del sistema iguale o sobrepase los Costos de Gobierno (de nuevo esto no esta pegado en ninguna nube), ya que el Estado devengará la mayor parte de sus entradas de los beneficios de sus

Pasivos provenientes de los intereses preferenciales, de las inversiones en el programa de la Bolsa y de las ventas al costo de acciones en el mismo, del mecanismo del manejo sugerido del programa de deuda para producir, y cualquier actividad permisible relacionada, que al crear actividad económica, deberá tener siempre dirección productiva definida. Las demás actividades libres no incorporadas no deberán ser subsidiadas ya que no producen para cubrir los Costos de Gobierno y otros, que producen las actividades incorporadas; por lo tanto SÍ deberán pagar los impuestos normales. Estos tienen que ser calculados en una forma proporcional que nunca sea injusta.

Profundicemos un poco. Para poder mantener los gastos o costos (a veces excesivos) de los gobiernos se crearon los impuestos. Estos son a base de un sistema monetario estático, como lo es el patrón oro (al cual obligan al Tercer Mundo en forma vedada a funcionar). Se buscó y encontró mil y una razones para tasar y complicar. La mayoría de las veces por un lado se fomenta la producción y por el otro se le anquilosa y recarga. Todos estos intereses encontrados son resultados de las herencias negativas de que hablamos que a su vez producen resultados sociológicos frustrantes, como en el caso de los perros de Pavlov.

Básicamente solo hay dos tipos de impuestos.

El primero es directamente proporcional al circulante y el segundo es el impuesto progresivo que tasa a la riqueza cuando esta se convierte en excesiva. Los demás son apenas mezclas de estos dos. Llámeseles impuestos directos, indirectos, suntuarios, aduaneros, de ventas, corporativos, etc., o todos los nombres y complicaciones que se quieran inventar; siempre caerán estos en una mezcla de 0 a 100% de las dos categorías antes mencionadas. Acordémonos de lo que decía Einstein; que los supuestos grandes problemas tienen soluciones sencillas, es el hombre quien se complica con sus "caretazos" o fraudes y sabihondeces.

Por supuesto que los impuestos son necesarios ya que son necesarios los gobiernos con sus costos correspondientes. La connotación impuesto directo se refiere a la relación directa con el circulante, no con la producción u otros, o con algún término contable. Las incidencias directas al circulante pueden variar y tener intensidad positiva o negativa. De los factores que afectan a la riqueza en general y a los cuales nos referimos antes, tienen influencias positivas la paz, la esperanza, la producción, etc., además de otras influencias adicionales como las buenas cosechas, descubrimientos de riquezas minerales nuevas no renovables pero explotables, buena pesca, dádivas u otros llamados Actos de Dios.

Tienen influencias negativos los actos contrarios a los anteriores que puedan producir inflaciones galopantes incontrolables como las pestes, invasiones, malas cosechas, impresiones caprichosas de circulante etc. Mencionamos estos factores solamente para que observemos como podemos depender de muchos actos que al afectar al circulante la incidencia producida puede ser mucho mayor cuantitativamente que los impuestos (centrales o federales) cobrados por las formas engorrosas en que se hacen ahora o en la falta de los mismos. El sistema que aquí saldrá a relucir le dará al Estado elementos para controlar en lo que más se pueda a los factores mencionados para mantener a la economía sin inflación o deflación. Sin embargo es deseable que el mantenimiento diario del gobierno y sus programas deberá provenir en la forma más programada posible, mayormente del aumento de la riqueza a través de la producción, y esta, con el programa propuesto deberá crecer en tal forma que en forma progresiva según yo, deberá reemplazar casi totalmente a los impuestos necesarios para mantener al gobierno nacional.

La forma de lograr esto ya fue descrita antes. Una vez que el sistema llegue a su normalidad cinética, el Estado recogerá de sus Inversiones en Pasivos para el desarrollo, el circulante contable devengado de ganancias en la producción (El 11% de las acciones Preferenciales) de todas las Actividades Económicas en las que participe, y de las negociaciones permisibles de sus Pasivos en la

Bolsa. De estos resultantes se costeará sus gastos y repartirá el excedente de riqueza producida entre los trabajadores. Esto es en efecto un impuesto, si se le quiere llamar así, que sería siempre directamente proporcional al circulante.

Así se llena todo lo suficiente en cuanto a las necesidades provenientes equivalentes a las tasas directas al circulante que actualmente rigen.

Lo que sí se tiene es energía sobrante, que al igual que la que se va a ahorrar al eliminar la actividad bancaria endosada por el Estado, será igualmente sublimada hacia mayor producción. Todo ello solo significa una cosa sumamente positiva: El incremento de la riqueza.

Por el momento estamos hablamos de Principios Básicos en forma cualitativa. Las formas cuantitativas resultarán de los principios aquí contenidos a situaciones actuales. La orientación será igual.

Volviendo a las entradas que deberá tener el Estado para reemplazar a los impuestos, faltaría solamente el reemplazo proveniente al equivalente del impuesto devengado por la riqueza excesiva.

Riqueza excesiva debe de ser toda aquella que resulte de la acumulación parasitaria que afecte por medio de explotaciones de resultantes menguantes, ya sea en forma directa o vedada, a la mayoría de la población o comunidad.

Nunca se deberá tasar a las riquezas producidas en Actividades Económicas de producción, por excesivas que estas parezcan. Además de los factores multiplicadores producidos, los mayores perjudicados serían los trabajadores o colaboradores y el gobierno.

Quedaría entonces por considerar la riqueza excesiva del individuo; ésta sí podrá ser devengada de participaciones en actividades económicas, además de prevenir de herencias y otras fuentes negativas no productivas.

A mí se me asemeja la riqueza individual a conducir un automóvil. Debe ser lo suficientemente grande para ser cómodo y manejable, pero nunca de tales dimensiones que el auto peligrosamente e ineficientemente lo maneje a uno.

Teniendo en cuenta que ya estaremos en un Nuevo Orden económico y justo, lo que se desea es la riqueza y que ésta no estará basada en la acumulación y por lo tanto no debe producir celo o envidia, examinemos los pros y los contras. Como elemento positivo solo le veo a la riqueza individual excesiva los factores multiplicadores generados por el buen uso que se dé a la riqueza misma. Como negativos para ser examinados, la posible explotación a la que tanto tememos, las tentaciones bajas que conllevan todos los excesos (soborno, pereza, falta de producción y fomento de lo suntuario, importaciones innecesarias etc.) y otros.

Deben de ser los Gobiernos (Comités especializados), los que regulen y examinen todas estas posibilidades. Siempre en las formas consultivas por lo que todo el negocio público se deberá regir. Todas estas regulaciones deberán como es deducible, estar siempre sujetas a cambios y ajustes que interpreten lo más fiel posible los respetos a los derechos y la justicia del espacio/tiempo de comunidad o pueblo.

Cabrá en primera instancia el determinar qué es una riqueza individual excesiva. Sea como fuere los patrones para medir no deben de ser sumas en circulantes, sino más bien factores proporcionales a otros índices más sólidos y relevantes, refiriéndola a otros factores como la entrada por cápita, relaciones de exportación/importación, lo que se considere necesidades básicas y otros por el estilo. Una vez que se analicen bien los beneficios o detrimentos de este impuesto en los parámetros espacio/tiempo, se procederá a aplicar esta medida, en las formas más convenientes. Estas podrán ser en combinaciones variantes de impuestos progresivos a la riqueza exagerada individual, impuestos a la propiedad letárgica, impuestos a las importaciones consideradas suntuarias, impuestos a los bienes considerados no básicos y otros por el estilo. Deberán estar dirigidos al Individuo, más que a los Bienes y nunca a las Actividades Económicas en sí.

Los beneficios derivados de un sistema que no tiene tasaciones corporativas son incalculables para atraer al inversionista.

Los gobiernos locales de condados y/o ciudades, deberán tener programas adecuados para no espantar a la actividad económica. Vendrá a ser una especie de competencia entre ellos los incentivos (negativos o positivos) que se ofrezcan, recordando siempre que deberán ser hechos estos a base de proyecciones sólidas y no de caprichos variantes. La competencia entre gobiernos locales es generalmente a base de las diferentes ofertas hechas a los inversionistas para atraerlos a llevar sus actividades hacia sus localidades, entre beneficios/impuestos (casi siempre estos son provenientes de ventas locales (nunca de exportación) y/o activos fijos/inmuebles o propiedades). Todos los impuestos locales deberán ser aprobados refrendados por la Comisión Económica de estilo y/o por la Junta de Gobierno, y nunca deberán ser retroactivos.

Siempre se ha de tener en cuenta para no entrar en atavismos retrógrados sociológicos, y además que todo esto se debe de llevar a cabo en formas como de, nunca convertir al país en estado/policía, no crear recargos administrativos ineficientes que redunden en estas medidas más caras que lo que generan, de nunca menguar la producción y de ninguna manera menguar ni imponer cargas taxativas a las exportaciones.

En una sociedad estable, por medio de la oferta y la demanda se llegan a fijar los precios de todos los bienes. Los tangibles y los intangibles. Quiero pasar ahora a enfocar en forma somera a la inflación. La hay normal, no de tanta incidencia como la causada normal en el desarrollo, a medida que aumenta éste aumenta por ejemplo el PIB y la demanda para mano de obra especializada y normal, por lo tanto elevando un poco los costos de Bienes y Servicios; Y la hay malísima, pésima. La que más hace sufrir a los pueblos y produce más miserias y la más irresponsable. Veamos.

Cuando se da el caso en el que la moneda en circulación aumenta en relación a lo que se puede obtener con ella los bienes que se intercambian o mercan, suben de precio.

Esta relación de circulante puede variar obviamente si cualquiera de los dos varía. En otras palabras los precios suben, o sea el valor adquisitivo de la moneda baja, porque la producción o riqueza merman y los bienes escasean, o porque aumenta el circulante, o por una mezcla de los dos factores antes mencionados.

Se da también el caso que aún permaneciendo teóricamente la Relación Circulante/Bienes estable, los precios adquisitivos de éstos paulatinamente suban. Esto se debe a que el VALOR de producción de los Bienes también sube. Esta última situación es hasta deseable, como lo observaremos más adelante.

En términos sencillos se le llama Inflación al proceso observado cuando con la misma cantidad de moneda se adquieren menos bienes.

A la causada por impresión irresponsable de circulante, yo le llamo inflación galopante y es aquella en aceleración destructiva y en aumento, que afecta a todos los elementos de la ecuación, resultando en círculos viciosos y en espirales incontrolables. Esto lógicamente nunca es deseable. Como ya se ha visto ningún patrón monetario reemplaza a las medidas preventivas sanas y obligatorias. Mucho menos el sistema monetario actual.

Para llenar necesidades inmediatas, -sean éstas situaciones perentorias de pagos a deudas que pueden ser caprichosas, (como la importación innecesaria de armas), resultados de violencia, faltas de producción, faltas de paz y esperanza u otras muchas causas hasta dolosas. Es aquí cuando dirigentes irresponsables aumentan el Circulante usando de las muy generalizadas prácticas fáciles e ignorantes de imprimir sin respaldo, ni tangible de "alcancía" o reservas, ni intangible respaldado con la producción como se recomienda aquí.

Al darse éste primer paso irresponsable en la rodada de la primera piedra del comienzo de la avalancha económica inatajable, los demás por su propio peso siguen el incremento geométrico de la espiral inflacionaria. **Los sueldos y salarios por más huelgas improductiva o retrógradas en las quién más sufre es el trabajador triunfen, nunca llegan a alcanzar a los aumentos irresponsables en el circulante;** la velocidad de intercambio que tanta importancia tiene para muchos, baja; todo esto sumado a algo tan intangible que aunque no se pueda medir existe, la falta de Esperanza. Acto seguido notaremos la falta de producción subsiguiente. Al bajar el poder adquisitivo e incrementarse el circulante de nuevo para tapar huecos, aumentan todavía más los precios de las necesidades básicas...Y continúa pasándose la pelota negativa de mano nefasta en mano nefasta creándose las situaciones de caos que observamos y de manera de incrementación geométrica.

Estas situaciones son negativas para toda una nación y nunca deseables bajo ningún punto. Pero los que más sufren son los que no tienen reservas ni pararrayos para pasivamente esperar que pasen éstas tormentas. **Estos son los mismos buenos paganos de TODAS las fiestas, los trabajadores productores y en general los pobres todos. Especialmente los niños que crecen en miserias,** hambres, enfermedades y faltas de Esperanzas.

Lo peor es que en general los que más las producen son los que más han prometido falsedades mientras se llenan amoralmente los bolsillos. Nunca podrán ser excusadas por más gritos que den tratando de pasar papas calientes y culpando a otras circunstancias. En todos estos sucesos tienen también responsabilidad los que pasivamente permiten y hasta fomentan estas circunstancias, sea por acomodaticios o por ignorantes, dándoseles el beneficio de la duda. A los pueblos se les puede engañar algo y por un tiempo. Nunca todo y por siempre. Esto lo observamos a diario. ¡Pobres pueblos pobres de nuevo!

Pero volvamos a algo que talvez haya pasado desapercibido: Cuando el valor de los bienes sube, también suben los precios.

Esta es una Inflación COMPLETAMENTE diferente a la inflación incontrolable. Veamos:

El valor total de un Bien es la suma de sus valores parciales contribuyentes a su totalidad. Básicamente éstos solo son dos; el valor en forma pura de sus componentes en materia prima basados en el mercado de los mismos, y los intangibles como los valores agregados de la administración, comercialización, negociación, proyecciones y sobretodo el valor de la contribución del esfuerzo del trabajo en la producción. Todos ellos están sujetos a situaciones bastante controlables por el hombre. El último, que es el valor de la contribución del esfuerzo humano del trabajador, sea éste valor intelectual o energético, se INCREMENTA O DISMINUYE EN FORMA DIRECTAMENTE PROPORCIONAL AL

PROGRESO.

Dijimos antes que en el tercer mundo, por la misma pobreza y otras situaciones desesperantes que se quieren evitar, sus miembros están anuentes a mayores sacrificios para salir de ellas que en los países desarrollados. Son los mejores discípulos, los mejores profesores, los mejores aprendices de las disciplinas industriales y dedican más y mejor tiempo a la producción en ambientes de Paz. A medida que viene el progreso éste tiempo de esfuerzo adquiere mayor valor y auto apreciación y por lo tanto tiene menor oferta. Esto le sube al valor agregado de los bienes producidos. Aún cuándo estos mismos esfuerzos van revestidos de mayor conocimiento cultural y "know how". Lo anterior constituye una situación NORMAL Y DESEABLE.

Por esto es que yo insisto en que el andamiaje de sueldos e índices NUNCA sea basado en la moneda, sino en una dimensión más representativa de la situación. Como un ejemplo mental tomemos la comparación de la velocidad versus la aceleración.

Índices con relaciones directas a la Producción son mucho más sólidos, representativos y confiables. Yo recomiendo como referencia, hacer un índice relacionándolo con lo que se considere en determinado espacio/tiempo, se crea sean las necesidades básicas del individuo. Aquella cantidad mínima óptima necesaria para sobrevivir por tiempo.

Por ello insisto en que se separen estos dos tipos de Inflaciones.

Al igual que la deuda para producir le llamo deuda buena y deseable, que es la que nos ocupa gran parte del enfoque hacia soluciones de estos escritos; a la otra la tildo de deuda mala, empobrecedora e impagable. Asimismo califico a la inflación normal, una inflación buena, como la anterior descrita. Con ésta hay que vivir, desear y conjugar. La otra es la inflación negativa, galopante y detestable. Esta última hay que evitar y obviar en todas sus formas. De nuevo y como una realidad positiva, no se debieran de englobar ni entremezclar como se está haciendo, pues ambas tienen acepciones y contribuciones completamente diferentes hacia la riqueza, progreso y mejora del hombre.

Los patrones económicos a que hicimos referencia antes para ser usados para tratar de anular y controlar todas las inflaciones, serán creados, bien usados y administrados por la Comisión especializada. Estos índices estarán sujetos siempre al principio de control y ajustes descritos, basados en los resultados mediatos. (Variantes en Pasivos del Estado, comercializaciones en la Bolsa, Ornatos, Circulante, etc.). Estos serán fijados en formas constructivas por miembros que han llenado los requisitos de preparación y educación necesarios. Quienes, como todos los funcionarios, siempre estarán sujetos a la aprobación o retiro por consulta voluntaria perenne popular. Sobretodos sujetos a las leyes comunes y a los castigos severos de todos los crímenes.

Las sugerencias, además de la reprobación constante, podrán ser alteradas por una Comisión de estilo, basadas en el "Control y Ajuste" antes mencionado. Esto es lo que daría el cinetismo deseado al Sistema recomendado.

XXI.- CONDENSANDO CONSIDERACIONES ASUMIDAS HIPOTÉTICAS SOBRE LA APLICACIÓN DE LO AQUÍ EXPUESTO.

Las circunstancias aquí demostradas son a manera ilustrativa. Cado caso es seguramente distinto. Lo importante es que se quiere hacer notar primordialmente que el Estado debe de entrar al rescate del país a base de Deuda Interna en vez de tratar inútilmente como se ha querido hacer, o pretenden algunos que se haga, a base de una Economía injusta única de alcancía, además de atraer Inversiones extranjeras. Esto es algo (y talvez parezca repetitivo), que los países desarrollados NO hacen como la única fuente de desarrollo.

Cuando la Inversión Inicial de la Deuda Productiva, a base de la rentabilidad (11%)(o de cualquier otra actividad bursátil productiva (ya que la Bolsa en sí nunca deberá tener fines de lucro y sus costos administrativos deberán ser los mínimos necesarios) será usada para pagar el Presupuesto y Gastos necesarios de los Programas de Gobierno, y por lo tanto paulatinamente se anularía la NECESIDAD DE LOS IMPUESTOS que alimentan esos Presupuesto y Gastos, (salvo las Actividades que libremente NO deseen participar en este Programa, que sí pagarían impuestos normales), requeridos para este menester cuando se llegue a los volúmenes de actividad adecuados, los cuales a su vez irán cada vez creciendo. A este punto se tiene que llegar, no como meta sino como una cantidad que se tiene que pasar, ya que el único límite que tiene este proceso es como el progreso y el horizonte, nunca se alcanza.

Al rebasar esta cantidad los próximos receptores de estos dineros serán los trabajadores, a como se expresa en este tratado, a base de persona/tiempo, y no de posiciones ni de sueldos. Ellos podrán hacer uso de estos Valores a su libre albedrío (venderlos, usarlos como inversión en nuevos proyectos de su escogencia, comprar acciones en la Bolsa de Valores etc., etc.). Hay que hacer notar que gran parte de las Inversiones serán Revalorizaciones de Activos Fijos locales, no al valor actual no productivo, sino al valor moderado y justo asumido proyectado que tendrán en cada Proyecto al estar con la demanda de una producción eficiente, no del abandono actual en que se encuentran la mayoría de ellos, o del precio actual.

Lo descrito significa que la Producción total anual de las acciones preferenciales requerida para pagar el Presupuesto del Gobierno, sería igual al Presupuesto multiplicado por cien y dividido entre once, menos los Resultados Positivos de Actividades Bursátiles y los impuestos devenidos de las Actividades que NO deseen participar del Programa descrito de "Deuda para Producir". La cifra resultante, aunque ahora parezca grande comparada con la pobreza de nuestros países, será fácil de alcanzar y sobrepasar para que suceda lo más importante, que es la distribución descrita de los superávit del Sistema entre los trabajadores; inclusive los fundadores socios de cualquier proyecto nuevo podrían ser los mismos trabajadores. Esto es la verdadera meta como principio, para hacer del Trabajador pobre verdadero dueño y participe voluntario en la economía y no tenerlo relegado como ciudadano de segunda clase, como lo hacen casi todos los sistemas, sobretodo los sistemas comunistas y allegados que dicen defender a las clases trabajadoras, siendo sus dictaduras las que más los explotan, producen pobreza y eliminan libertades y sindicatos. Esto es un hecho palpable e innegable. Sobre todo le cambian al pueblo la sonrisa por una mirada triste.

Repetimos que todo ejemplo es de manera ilustrativa. Lo que se debe de apreciar es el principio. En gran parte de los casos, como un ejemplo, la Producción referida será además resultado sumado de la poca inversión disponible y de la revalorización de Activos a su posición de producción eficiente, no de los principios contables aceptados ahora. Dichas revalorizaciones serán hechas y refrendadas con la responsabilidad legal correspondiente por las mismas Entidades Licenciadas que hicieron los Estudios de Factibilidad.

El Producto Interno per Cápita (PIB) incrementará de acuerdo. Además se va a poder observar un panorama de actividad en formas que van a causar deslumbres positivos en tiempo mucho menor del que se crea. El proceso no es necesario que esté en completa Producción. Con solamente la Esperanza de la aseguración de un Futuro se obtendrán resultados positivos inmediatos. Esto es lo más importante de éste mensaje y como dijimos antes, no es nada nuevo. Ya lo pudimos observar aún en casos temporales de creaciones de efectos multiplicadores en el circulante basados en proyectos malos. Aquí va a ser una situación de Esperanza normal y de actividad positiva constante.

Al contar, como un ejemplo ficticio un país pobre con una entrada por cápita, de tan solo unos $380 por año; ello significa que probablemente se depende de situaciones de creación esporádica de flujo de caja. Los resultados son los normales negativos de todos los países pobres. Presupuestos imposibles de llenar, deudas impagas, pobreza desesperante, inflación sin control, violencias, emigración, dependencia de dádivas o de fuentes de provisión de dineros no normales, impuestos caprichosos injustos, grandes desfalcos, menos producción, más inflación y sobretodo hambre y falta de educación de la niñez. La Pobreza, además de matar la Esperanza y la Fe, es muy mala consejera.

Las medidas típicas de éstas situaciones de hacer huecos mayores para tapar otros siempre las pagan los pobres de los pueblos. Otras entradas son las dependencias de sucesos extraordinarios de buena suerte, como un año de pesca abundante, o mejor cosecha de algodón, o que subió el precio del café en forma extraordinaria, o en fluctuaciones monodependistas de un producto no renovable como el petróleo, u otras por el estilo. Lo que es de notar es que un hecho de estos tipos, en el sistema actual en sí, NO ES GARANTIA para un buen andar en la búsqueda de la felicidad, (véase los países del tercer mundo con grandes producciones de petróleo como ejemplo). Los pueblos se encargan de cargarles la culpa a los gobiernos o al dictador de turno, y éstos a su vez, se encargan de darse todo el mérito cuando las cosas "por chiripa" salen bien.

Como expreso aquí no son las minorías que tienen defensas económicas locales e inclusive entradas adicionales extranjeras, sobre quienes caen éstas cargas desesperantes y negativas, sino sobre los pobres de los pueblos. Y de éstos con mayor intensidad, los niños con los traumas de consecuencia adquiridos por todos éstos factores negativos con las tristezas y desesperaciones subsiguientes.

Con la Producción proveniente de un total de Pasivos basados en una Deuda Interna Productiva, el panorama cambiará radicalmente.

Esta situación no es quimérica. Son cifras que aún en el actual sistema injusto y pegosteado ya se han alcanzado. Gran parte de ellas a través de situaciones heredadas y administradas en formas contrictas a minorías. Estas formas sin embargo, son BOCHORNOSAS, de largo tiempo de obtención y por lo tanto no diseminadas y creadoras de descontentos. La diseminación está directamente ligada a la proporción disponible de Pasivos con los que se mercadean Activos para la Producción. Estos Pasivos obtenibles cada vez más se basan en Deuda Productiva. Los países de mayor pujanza son los que mejor manejan esa Deuda interna. Esto a pesar de que se trate de englobar todas las deudas y todavía se les rotule traumáticamente a todas ellas con títulos y acepciones negativas.

La gran diferencia consiste en que al partir de las premisas económicas expresadas, LA DISPONIBILIDAD DE ESOS PASIVOS PARA LA PRODUCCION, NO VA A ESTAR RESTRINGIDA A GRUPOS, SITUACIONES O PERSONALIDADES, SINO EXCLUSIVAMENTE A BUENOS PROYECTOS QUE PODRAN SER PROMOVIDOS POR CUALQUIERA. La entidad o funcionario que apruebe cualquier proyecto, se hará responsable de la bondad del mismo.

Los MEJORES PROYECTOS en su mayoría son: a base de Bienes y Servicios locales, cuentan con mano de obra, YA ESTAN COMENZADOS, la mayoría mal produce NECESIDADES BÁSICAS, y otras ventajas; SON los proyectos de Desarrollo de LOS POBRES. Lo único que a veces más les falta es Estudios Económicos, conocimientos y puede que hipotecas. Como ejemplo comparémoslo con una mesa a la que le falta la cuarta pata; en un caso que me consta fue la de una explotación ganadera; con solo la adquisición de los necesarios toros (la cuarta pata) se logró aumentar el nacimiento por año de un 28% a un 85%.

Este Programa Aquí Descrito Está Diseñado Para el Enriquecimiento del Pobre sin depender necesariamente de hipotecas o buen crédito. Si se sigue lo aquí sugerido se eliminan esos valladares que desesperanzan a los pobres al contemplar con tristeza lo difícil y casi vedado que les es para ellos el poder producir solo con su trabajo y esfuerzo y casi nada de capital de inversión.

Esfuerzo que entonces el pobre mal vende para poder comer.

La Producción se traduce en dinamia operante y por lo tanto en la rapidez tan necesitada. La sorpresa agradable va a ser al experimentarse cambios en tiempos muchos menores de los esperados. Recordemos siempre las buenas situaciones rápidas creadas aún cuando se imprime moderadamente sin respaldo al crear actividad económica, basada en esperanzas falsas. Con mucho mayor razón cuando las situaciones son de Paz, de Producción y de disponibilidad inmediata y efectiva.

Siguiendo con nuestro ejemplo ilustrativo, al crearse situaciones de desarrollos invitantes positivos teníamos el caso que además de la parte de Pasivos facilitados por el Estado, es menester de aportes, llamados ahora de Capital, de otros Pasivos privados. Estos pueden ser locales a base del poco ahorro existente y de reevaluaciones reales como dijimos, de Activos o riquezas fijas nacionales también aportadas. Además es menester de Bienes y Servicios Importados, como maquinaria, buenos Estudios y otros, no encontrados localmente, más las Inversiones extranjeras atraídas por la deseada bonanza. Esto significa que el nuevo Sistema deberá enfocarse hacia las realizaciones positivas de las relaciones a nivel local y hacia las relaciones Convenientes y necesarias a nivel extranjero.

El modelo económico para poder llegar al Despegue, deberá comenzar con el tratamiento de participación en Pasivos a base de Deuda Interna, con prioridad en aquellos proyectos que requieran porcentualmente MENOS Bienes y Servicios importados. Los principales son de Agricultura, de Construcción local, Cultivos Industriales de Peces y/o Camarones o Langostas en Cautiverio, Ganadería, Hortalizas, y otros por el estilo. Muchas veces estos bienes y servicios importados pueden ser suplidos por Préstamos o por Inversiones extranjeras.

El Presupuesto o Costos operacionales del gobierno proviene de las riquezas agregadas producidas, esto equivale con los parámetros actuales, a los impuestos que actualmente se perciben en distintas formas. La justa forma sugerida de enfoque es que todos los gastos de Gobierno, representan los Costos del Estado, y por lo tanto es a éste al que corresponde asumir esos costos; la fuente suplidora de de estos dineros sería los ingresos obtenidos del mecanismo descrito al entrar en Deuda Interna para Producir el desarrollo.

Desgraciadamente se tendría que seguir al principio en la misma forma de colectar entradas, pero en formas decrecientes hasta llegar al Despegue. Cuando la Inversión sobrepase a esta cifra cinética del Despegue, cantidad harto realizable, habrá un sobrante, como se dijo, para ser repartido entre los trabajadores para que obtengan o comercien Pasivos (Acciones) en la Bolsa de Desarrollo. Los trabajadores son los verdaderos dueños o representantes del Estado productor de riqueza adicional.

Téngase bien en cuenta que éste "balance" presupuestal o pago es de deuda, pero DEUDA PRODUCTIVA, DEUDA BUENA. En muchos países, inclusive de avanzada, al englobar todas las deudas en un mismo rubro, aunque en formas pegosteadas ya se pagó el presupuesto, la gran parte de los fondos prevenidos de la producción, TODAVIA SE ESTIMA QUE ESTA

DEUDA ES NEGATIVA, simplemente porque está englobada a todas las deudas. O ésta medida es producto de la ignorancia (lo cual dudo), o es una medida política para eliminar gastos no necesarios pero populares. Como se ha podido observar con lo aquí recomendado se obviaría esta circunstancia la cual también es producto de la mala comunicación. Bien intencionada o mal intencionada.

Ya se sabe a ciencia cierta, QUE NO IMPORTA ENDEUDARSE MAS, SI PARALELAMENTE UNO SE ENRIQUECE AÚN MAS. Hay que agotar los análisis de los presupuestos para verdaderamente sopesar bien sus aportes positivos a la riqueza. Discernir cuales rubros son "deuda buena", y cuales "deuda pésima" y separarlos antes de englobarlos. Lo que generalmente se hace ahora está basado en parámetros de conveniencia para algunos y no de enriquecimiento o progreso nacional.

Consideremos un modelo local de país pobre. Tratando en lo posible de comunicar a la pirámide administrativa en forma macro de espectro, combinado con sistemas explicativos de base a cúspide y de acuerdo a los Principios Básicos de la Segunda Parte de éstos escritos tenemos: (De nuevo, estas son las opiniones personales escuetas del suscrito acerca de los principales factores con que se debiera de agilizar la democracia para un buen gobierno, el cual produce Paz y Esperanza, condiciones indispensables para que funcione el Programa de Deuda para Producir que es el verdadero objeto de este Tratado),---no tenemos tiempo en este pequeño tratado de discutirlas---lo importante es realizar que el Programa de Deuda para Producir NECESITA DE UN BUEN GOBIERNO para que se lleve a cabo en Paz, todo lo demás es semántica y éste nunca exclusivista. Algún día se van a analizar mis sugerencias y se observará que la mayoría de ellas son sensatas y ejecutables.

1o.- Todo el Sistema administrativo del Estado debe de responder al Pueblo. Lo cual significa que partimos del principio que gran parte de los funcionarios deben de ser electos.

2do.- En vez de que los miembros prominentes de la Asamblea en forma manipuladora nombre acomodaticiamente a los Comités supuestamente especializados de entre sus miembros, estos deberán ser electos por la misma Asamblea. Se trataría siempre que todos los partidos representados guarden lo más que se pueda, la misma proporción de votos. Las regulaciones pertinentes que se diseñen regirán todas estas condiciones. Lo más importante es que los candidatos deben tener las preparaciones mínimas requeridas y los elegidos de entre ellos estarán siempre sujetos a la sanción permanente de los votos del Pueblo y/o los mecanismos adecuados que los interpreten.

3o.- Estas Comisiones o Comités pudiesen ser los descritos (a manera descriptiva, no limitativa) a continuación, pudiéndose crear más a discreción de las necesidades:

a.) Comité Jurídico o Consejo de Probos. Sus atribuciones deberán recordar a los Consejos de Ancianos de nuestros antepasados.

Nos referimos a personas mayores, educadas y de sano juicio, y que piensen más en las generaciones futuras que en metas egoístas presentes. El deber de éstas será velar por el cumplimiento de los deberes y derechos de los ciudadanos y de los Principios Básicos. Deberán asimismo informar a las entidades correspondientes, de cualquiera malandanza para su inmediato enderezamiento. Inclusive velará porque las decisiones de la Junta de Gobierno sean siempre las sabias y convenientes para la Paz y el Futuro de la Comunidad, y además sean con la cooperación y coordinación debida, pudiendo llamar a la consulta popular inmediata la actuación de cualquiera de sus miembros, así como su completa destitución si se prueban procederes onerosos.

Este Comité será el Comité más importante y sus miembros contarán con el mayor número de votos cada uno por representar a más de una división geopolítica. No se debe de creer pensando en los esquemas traumáticos heredados, que al detentar este comité las funciones del Poder Judicial, y al formar parte uno de sus miembros del la Junta de Gobierno, se está incurriendo en lo que muchos llaman el "sacrilegio" de mezclar poderes. Si se examina a fondo el problema, "desyoyizándonos" en lo que más podamos, se notará primero que nunca ha existido la tal completa separación; segundo, aun habiendo cooperación en lo sugerido, el Poder delegado del pueblo que tiene este Comité le da un enorme grado de independencia y tercero que todas las soluciones o sugerencias estarán siempre sujetas al "control y ajustes" a que nos referimos antes.

b.) Comité Administrativo. Fijará el Control y Ajustes en la administración esquemática del Estado (Gobierno).

c.) Comité Económico. El encargado de fijar las Metas y los Índices y Patrones reguladores. La edad aquí no es tan importante como la preparación matemática/económica especializada educativa. Este comité tendrá empleados funcionarios en un Departamento de Computación y Programaciones, quienes, como todos los demás funcionarios, estarán sujetos a la consulta y sanción popular constante. También administrará en igual forma un Departamento que regulará los parámetros a establecerse en las relaciones entre los individuos y el Estado. (Exámenes de Licencias, Exámenes y prerrequisitos de candidatos, etc.)

Creará la Bolsa de Valores y coordinará con el Comité de Producción las metodologías más óptimas para el logro de sus acometidos.

e.)Comité de Relaciones entre Naciones.

f.)Comité de Relaciones entre Gobiernos locales municipales y el Gobierno central.

g.) Comité Educativo. Fijará los programas educativos mínimos y obligatorios como los especializados y voluntarios.

h.) Comité de Justicia. Coordinará el cumplimiento de las Leyes en el país. Tendrá a su cargo la administración penal.

i.) Comité de Producción. Tendrá a su cargo la coordinación con el Comité Económico para la distribución de las ganancias del Estado (acciones preferenciales, actividades bursátiles y otras) entre los trabajadores o productores. Coordinará las relaciones entre los Productores y las Actividades Económicas, así como los sindicatos voluntarios si los hubiere.

j.)Comité de Actividades Productivas. Velará por todas las Actividades económicas productivas. Creará los Departamentos necesarios para el mejor logro de sus acometidos. (Agricultura, Industria, Pesca etc.), coordinando con el Comité Económico lo necesario, como Estudios Económicos, Proyecciones, Factibilidad y demás.

k.) Comité de Realizaciones y Proyecciones. Creará también los Departamentos Necesarios. (Como por ejemplo Contratación y Negociación de Obras y Proyectos, Arquitectura, Licitaciones, Inspecciones y Fiscalizaciones, Embellecimiento, etc.)

i.) Ningún Comité o Comisión duplicará esfuerzos.

4to.-Cada uno de los Comités antes mencionados funcionará en forma coordinada pero independiente, teniendo todos ellos estatutos estandarizados funcionales. Nombrará dentro de sus miembros a uno o más Representante(s) que será(n) el(los) delegado(s) ante la Junta de Gobierno.

5to.- La Junta de Gobierno estará formada por los Representantes de los Comités antes descritos. Tendrá solamente funciones coordinadoras importantes y orientadoras. El Consejo de Probos fiscalizará y velará para que esto se cumpla.

6to.- La Junta de Gobierno estará presidida por un Presidente o Coordinador General (Presidente de la República). Este será electo por el voto directo del pueblo, como todos los funcionarios electos, teniendo siempre el derecho al veto, que valdrá por el miso número de votos que lo eligieron. Su período será limitado en cualquier tiempo, por el mismo pueblo o por el Consejo de Probos como resultado de las consultas populares constantes y periódicas con sus consecuentes reprobaciones posibles.

7mo.- La Asamblea General de Gobierno estará formada como Constituyente Extraordinaria Perenne y se reunirá en constantes periódicas ocasiones especiales. Los miembros de ella serán todos los electos de los Comités. Estos funcionarios deberán ser electos y representarán regiones por población proporcional e igual. Es decir, geopolíticamente hablando, estas divisiones serán únicamente electorales y las regiones votarán por los Comisionados aunque un mismo elegido podrá representar a varias regiones; (Ej.; los Consejos de Probos y/o Judiciales deberán representar más de una región de igual población). Las reuniones de esta Asamblea estarán presididas por el mismo Coordinador o Presidente de la Junta de Gobierno, con el mismo derecho al veto igual al número de votos que lo eligieron. Cada miembro representará en todas las decisiones, el mismo número de votos, que los electores que lo eligieron. La Asamblea General tendrá prioridad autoritativa sobre cualquier otro cuerpo colegiado o persona. Sus miembros podrán tomar decisiones "*in absentia*", siempre y cuando estas sean completamente representativas y legales.

En el grafico ilustrativo de gobierno (Pág.98), o Esquema Operativo, los círculos alrededor del núcleo representan a los Comités especializados (Los Ministerios o Secretarías de ahora). Todos son electos. Ellos nombran a funcionarios menores como a los Jefes de Departamentos, cada uno con su Reglamento Interno propio. Uno es miembro de la Junta de Gobierno con la anuencia del Jefe de Estado (Concejo de Ministros). Todos son miembros de la Asamblea General (Cámara Única). El Presidente preside con poderes limitados ambos Cuerpos. (Poderes Legislativos y Ejecutivos). También serían así miembros de la Cámara única. Se explica como cada miembro tiene especiales condiciones y requerimientos necesarios para ser Candidato para cualquier cargo, siendo ésta una relación más entre el Individuo y la Comunidad. Cada miembro, por ejemplo del Concejo de Probos probablemente será mayor en edad que cada miembro del Concejo Económico, y tendrán distinto tipo de exámenes para ser candidatos. Regulaciones especiales adecuadas podrán ser para la elección de los miembros del Concejo de Probos, edad, mayor área electoral---lo cual resultaría en mayores votos por persona---los votos con que salieron elegidos, serán con los que contarán en todas las votaciones. Estos serán, por ejemplo, lógicamente también mayores que los de cada miembro del Concejo Económico el cual contará con mas miembros y menos votos por persona.

Todos los funcionarios, desde el Presidente o Jefe de Estado electo al último barrendero nombrado, (controles y ajustes). sujetos a la espada de Damocles <u>nacional</u> positiva de la continua reprobación popular. (Los pueblos siempre saben lo que no quieren.) Y estás consultas populares tienen que ser más periódicas y sencillas, sobre todo ahora que se ha avanzado tanto en el campo de la electrónica.

Yo estaría de acuerdo, en cuanto a las duraciones de los cargos que las limitaciones sean las que el Pueblo quiera poner de acuerdo a lo anterior, y/o la voluntad del Funcionario, pero esta es de la clase de consolidación que deberá llevar a cabo el sistema en sí; sobretodo basado en el control y ajuste de situaciones antes mencionado.

Ningún andamiaje de Gobierno nunca será perfecto. Lo aquí sugerido es simplemente una forma en que estimo como expresé entes, fomentaría la atmósfera debida para crear el ambiente de solidez y esperanza necesarios para poder hacer buen uso de la deuda interna, o sea de poderle prestar al futuro para enriquecer el presente. Pero no me considero dueño de la Verdad. Lo importante es tener ese ambiente de Paz y tranquilidad tan deseadas, para salir de las miserias y tristezas existentes, mediante lo único que lo logra: La producción en Paz.

Al sugerir este Esquema Operativo lo baso en los modelos democráticos ya existentes, eliminando según yo, las trabas que se han originado al no cambiar lo suficiente con el tiempo de acuerdo a las adecuaciones actuales.

La Actividad Económica produce riqueza. No nos cansaremos de repetir que lo en estos párrafos expuesto es solamente de manera ilustrativa. Lo normal sería que las regiones pobres que más necesitan prosperar tengan todavía mayor agilidad que la aquí descrita. Las velocidades de logros tienen que ver con el elemento humano y la sagacidad de los líderes. Lo muy importante es la accesibilidad y vialidad del sistema económico propuesto. Aunque las aplicaciones la mar de veces llevadas a cabo en forma aislada no sean nada nuevo, lo que sí es nuevo es el encaramiento cándido, sencillo, popular y práctico de lo aquí sugerido.

Enfoquemos ahora la atención en las formas de obtener los servicios anteriores.

Comparemos como un ejemplo una Empresa de $400,000 total de Pasivos, considerando al hoy llamado Capital, como un 50% del total de Pasivos. Para distinguirlas de las actuales yo les llamaría simplemente Actividad Económica o AE. El nombre que se dé no es importante. Deberán tener las Cartas Constitutivas y Estatutos, Certificados y tipo de Acciones, y todo lo relacionado a su operatividad en formas similares y estandarizadas. (Lo único distinto por supuesto, sería su tamaño, (Directores relacionados al número de acciones etc.)

Los Pasivos, como se opinó antes, serán todos iguales para los fines de calificación de proyecto productivo merecedor de recibir como "inversionista" o dueño de Pasivos al Estado. Sin embargo, cuando una empresa libremente NO desea entrar en estos programas, podrá contraer las deudas de tipo bancario sin voto que desee **sin el respaldo del Estado** y por lo tanto tratar además con cualquier otra entidad financiera, si existente con las condiciones antes descritas.

Para los fines de la importación de Bienes y Servicios como maquinaria u otros, la AE de por sí podrá contemplar Pasivos extranjeros. Esto podrá ser de varias maneras, la primera cuando los suplidores extranjeros participan directamente como dueños de Pasivos, la segunda manera tratando la AE directamente como deudora a entidades extranjeras, y la otra simplemente adquiriendo las divisas necesarias libremente en el mercado como se hace en muchas partes. Esta última situación podrá contemplar situaciones especiales, como regulaciones en el mercado de divisas o mercados libres de las mismas. Lo importante será que ninguna forma deberá ser engorrosa o poco atrayente para el suplidor o inversionista extranjero.

Siguiendo con nuestra ilustración. Del total de Activos y Pasivos de $400,000 el Estado facilitara supongamos al comienzo de operaciones del 50% o $200,000, en acciones preferenciales; cantidad que reemplazaría a los demás Pasivos (Bancos y otros). Si todos rentan después de la actividad productiva y pago de todos los Costos, (incluyendo el pago del 11% a las acciones preferentes, que en las condiciones actuales representaría a los intereses de los Otros Pasivos -bancarios, etc.-), un 10% o sea suponiendo que las Ganancias totales serían $40,000.

Para los efectos de comparación una pequeña Empresa similar con los parámetros actuales. Con la misma relación 50/50% de Deuda/Capital. Tendrá gastos bancarios por Intereses corrientes, Comisiones, continuas renovaciones y Contrataciones de Préstamos para mantener la misma relación 50/50%, más los Impuestos y otros gastos que suman una cantidad MAYOR que los 10-11% preferenciales de las acciones del Gobierno suplidas a través de la Bolsa.

Una empresa normal como la descrita anteriormente, después de todos los gastos, las ganancias netas no excederían los $3-6000. Compárese esta cantidad con los $18-20,000 SIN IMPUESTOS de este tratado. (Cualquier impuesto adicional que se considere a la riqueza exagerada, será un Impuesto Personal y no de la AE, o como a veces se le llama ahora, -corporativo-). Súmense las ventajas adicionales que no se pueden poner en un Balance, ambas en términos macro y micro, y se apreciará aún más la bondad de lo sugerido.

Suponiendo que el número de empleados del anterior pequeño proyecto sea de unos cinco (5 personas/año) y que el Estado, a base de la sugerida auto deuda, haya heredado, con las entradas devengadas haya llegado a ser autosuficiente (¡Despegue!). En este caso el "surplus" o cantidad sobrante, menos gastos menores equivaldría a unos $18000, los cuales serían divididos entre los cinco trabajadores/productores, o sea $3600 por persona suponiendo que hubiesen laborado el mismo tiempo. El personal receptor podrá acudir a la Bolsa para negociar su Valor y poder adquirir en éste mercado el Pasivo o Acción de cualquier AE que desee. Podrá además negociar éste Certificado a como le dé la gana.

Para muchos quizás sea el parangón de lo aquí contenido el hecho que con el sistema aquí contenido el trabajador se pueda convertir en dueño. La lucha por la reivindicación de las fuerzas del trabajo es una de tantas. El trabajador ha sido usado como bandera y ha terminado siempre más explotado, más esclavo y con más hambre que antes que cuando sus supuestos defensores lo ostentaran. Lo que aquí se expone es que el productor/trabajador del tercer mundo, así como lo ha hecho a base de otros esfuerzos en muchos países, sea "accionista" o dueño de parte de la Actividad Económica o Proyecto de su escogencia. Como la Buena Administración de la Deuda Interna, pasado el Tiempo del Despegue va a ser necesario que le produzca al Estado MAYORES entradas que las que necesita para la mínima manutención de sus programas de gobierno, estos superávit le debieran ser devueltos al Pueblo.

El Trabajador es quien hace que la Producción funcione y es el verdadero representante del Pueblo en las Actividades Económicas responsables de esta producción, por lo tanto es también el acreedor a cualquier riqueza adicional que esto produzca. Al decir trabajador me refiero a TODA persona que colabora en un proyecto o Actividad Económica, sin distinción de posición o sueldo, solo por persona/tiempo.

Es muy importante lo que voy a exponer: En los países desarrollados ya está la mar de las veces el Estado, a base de subsidios vedados entrando en deuda para la producción por medio de sus Bancos Centrales, Fiduciarias Federales o como se las quiera llamar, las cuales pasan estos dineros provenientes de deuda interna y a muy bajos intereses, a bancos privados, los cuales a su vez lo distribuyen a la producción con buenas ganancias. Solo que los beneficios de éstos endeudamientos NO van al Pueblo, sino que son encauzados para la productividad económica de minorías por medio de estos subsidios vedados. Esto no creo que haya sido hecho en forma planificada maléfica, sino como un resultante aprovechado de sistemas errados. Lo aquí sugerido es para remediar estos entuertos sin demagogias ni posturas olímpicas, sino como un resultante de lo necesario y conveniente para la buena marcha en Paz de los Pueblos.

El Estado y en forma perentoria, distribuirá las entradas de sus tenencias en las Actividades Económicas entre los Gastos Presupuestarios del Gobierno y entre los productores (trabajadores) inscritos en éstas actividades. En nuestro ejemplo y a manera demostrativa fácil, las ganancias de cada actividad le fueron distribuidas a ESA actividad. Esto quizás no sea el caso más justo, pues se puede dar la circunstancia en la que las ganancias, grandes o chicas, de una empresa no necesariamente reflejen el esfuerzo de sus trabajadores. Este es el argumento negativo, pero el positivo sería que en la repartición de los beneficios, para las bondades de crear sentido de equipo y premiar el justo esfuerzo particular, el trabajador/productor participe de estos beneficios de la actividad donde labora. Yo me inclino a sugerir que las cuotas que reciba cada trabajador signifiquen una mezcla dividida de las dos circunstancias, una parte de la integral o global, más el resto la particular de su empresa. En a estas circunstancias a las que yo les refiero cuando digo que las soluciones pueden ser variantes en forma micro. Deberá la Comisión adecuada fijar éstas proporciones, siempre sujetas sus apreciaciones a los "controles y ajustes" a que me referí antes, y por supuesto a la casi divina sanción de los Pueblos.

Lo importante es que TODOS los beneficios referidos serán distribuidos. Será de considerar la posibilidad siempre y cuando fuese viable, que el Valor recibido solo pueda ser usado para adquirir Pasivos o Acciones en un Mercado Libre por lo menos en un tiempo dado, con el objeto de familiarizar al trabajador con el ser accionista. Habrá que sopesar males menores, ya que ello puede significar también un atentado contra el libre albedrío. De nuevo va a corresponder a la Comisión adecuada el fijar estos parámetros.

El objeto de la Bolsa de Valores que se funde va ser el servir de Centro de Comercialización de estos Valores, así como el intercambio y venta y compra de cualquier acción o Pasivo en cualquier actividad calificada primordialmente; podrá también además comerciar libremente en empresas y Valores no calificados, si así lo deseara. La meta de esta Bolsa es que funcione como una Actividad Económica más, siempre sujeta a la autoridad mayor del Comité Económico. El Estado promoverá su formación, pero sus acciones formarán parte de la oferta y demanda de la Bolsa misma, quizás no conviniendo su venta pública. De nuevo esta decisión la tomarán las Comisiones debidas.

Una característica que deberá tener ésta Bolsa será que todas las Acciones o Pasivos, y/o cualquier otro Valor, serán puestos en oferta en todo momento a precios voluntarios solicitados de sus dueños y podrán ser adquiridos solamente a esos precios por los legales compradores o demandantes. Este precio solicitado voluntario podrá servir además como un sumando en el cálculo de las riquezas de los individuos para los fines que se consideren, (estadísticas, índices, impuestos, a la riqueza excesiva, etc.).

Víctor Raúl Haya de la Torre
(Trujillo, Perú, Febrero 22, 1895 – Lima, Perú, Agosto 2, 1979)
Pensador y político peruano. Fundador de la Alianza Popular
Revolucionaria Americana (APRA) y líder histórico del Partido
Aprista Peruano. El más longevo y el de mayor consistencia
orgánica de la política del Perú. Es reconocido como uno de los
más importantes ideólogos políticos de Latinoamérica y figura
clave para la política peruana y americana.

XXII.- ADECUACIONES.

En lo Nacional no deberá existir ningún problema en implementar estos principios si los Pueblos lo desean. En la implementación de ellos tampoco deberá existir ninguno de los para mientras o por mientras que han caracterizado a casi todos los cambios. No se está deseando cambiar al hombre a que sea más malo o más bueno a imagen y semejanza de alguien, ni se le está obligando a nadie a que funcione de acuerdo a ciertos estándares. Se está tomando al hombre como es. Se necesita y se necesitará SIEMPRE de la buena comunicación para enseñar lo que se tiene, lo que se desea hacer y hacia donde se quiere llegar. Todos los argumentos que se usen deben de ser de conveniencia y Esperanza, para que el individuo VOLUNTARIAMENTE conlleve a cabo todos los cambios beneficiosos aquí tratados para su propio bienestar y futuro.

Al tratar de las Relaciones con otras Naciones es donde se podrán encontrar enormes trabas que pueden hacer sumamente difícil la llevada a cabo de lo que aquí se ha discutido. Se trata más que nada de convencer a los países industrializados que les es CONVENIENTE a ellos mismos que los países pobres salgan del subdesarrollo. Muchos políticos de estos países no realizan el peligro en que se encuentran al egoístamente no cooperar con los países pobres. Por otro lado es confortante el saber que al revés también existen personalidades, políticas y otros grupos prominentes, además de muchos jóvenes de estos países que sí, realizan estos peligros en que se encuentra la civilización. Y que también saben que al igual que otros males como la contaminación ambiental, la proliferación de armas atómicas y otros, estos son problemas que no se solucionan posponiendo situaciones con palabrerías superfluas. Es a éstos grupos sumamente populares a los que hay que dirigirse, identificarse con ellos e intensificar las comunicaciones entre todos los individuos. Lo más importante es comunicar que al revés de lo que se cree, estas ayudas y cooperaciones NO significan más aumentos en las cargas impositivas para el hombre de la calle que paga impuestos del país rico, sino por el contrario mayores retos y nuevos horizontes y fronteras de riqueza tan ansiada. Esto es de tan suma importancia que constituye casi una condición sin-equa-non, para no volver a las situaciones admirables pero de no larga duración porque no lo permitieron los "baja cabeza", como la sucedida con el Dr. Juscelino Kubitschek en el gran país brasilero.

Lo más probable sea que estemos hablando de distintos grados de incidencia de situaciones desesperantes de cualquier región que se quiere redimir. Estas situaciones abarcan la mayor parte de un orbe sediento de cambios.

Seguramente un país de miradas tristes que seguramente bailó y se rió antes y que ahora tiene mucha hambre y miserias. Y que probablemente ahora se sigue riendo con menor sonoridad de sus mismas miserias.

Deberá tener un servicio de deudas sobre cargantes e impagables muchas de ellas.

Probablemente las situaciones sanitarias son deplorables y onerosas.

Seguramente la educación es desconcertante, las lavadas de cerebro de odio rampantes y la ignorancia atorrante y desorientadora.

Probablemente el intercambio comercial ha llegado a su mínimo casi comparándosele al de la edad de piedra.

Casi seguro que la Ganadería, la Industria, la Pesca, etc., están en deterioros desastrosos; o explotado por ladrones nuevos acomodaticios a quienes tampoco les importa el pobre.

Deberá tener todos los visos de cualquier pueblo pobre explotado por los unos y por los otros. Muchos con la mentalidad esa revanchista que se trata de justamente obviar para no caer en los mismos círculos viciosos, seguramente piensan que los pueblos así son irredentos. Que sus miembros ya solo medio viven de la dádiva y la rapiña pues solo a eso se les enseñó. Por lo tanto al mangonear a estas situaciones temporales piensan solamente en las liquideces mediatas e inmorales que dolorosamente se exprimen de estas circunstancias y de aquellos que con buena voluntad ignorante también quisieran ayudar. Por eso en lo único que piensan es en hacer su agosto rápido y como pájaros macabros nocturnos, retirarse también rápido a base de acomodos y sonrisas falsas.

Yo pienso que los pueblos sin esperanza tratan con lo que pueden y mal aprenden, de sobrevivir y de darles alimentos a sus niños. Pero si a éstos mismos pueblos se les da una muestra real de esperanzas sin componendas acomodaticias, lo que desean es trabajar con confianza y no vivir de la dádiva y el robo. Estas intenciones deben ir acompañadas de hechos para que no sean de las mismas palabras huecas y sangrientas que ya están hartos de oír. Todo lo aquí contenido está basado en esta premisa.

Continuemos discutiendo las formas de implementaciones adecuada a las <u>DEUDAS</u>. Habrá que separar éstas:

1.) Las deudas originadas por la importación caprichosa de instrumentos de muerte como armas serán las más difíciles de pagar. Yo pienso que las mismas fuentes suplidoras de estos enseres nefastos prestarán buenos oídos a las proposiciones desesperantes de no pago de países que de todas maneras no están pagando. Generalmente para el país rico, ya están desfasadas y fueron suplidas para que probablemente se usara a ese paisito y los de turno idiotamente sirvieran de testaferros y sus pueblos probable carne de cañón para enfrentamientos rugientes posibles en los mal llamados "balances de poderes regionales" de las grandes potencias.

2.) Las que suplieron mitigadas de hambre emergentes. Este tipo de deuda para mi entender solo se debe aceptar como caridades de emergencias tipo FAO o Cruz Roja u otras como United Way, Caritas o por el estilo. Los pueblos todos, siempre están anuentes a suplir caridades de emergencia. Cuando se trata de un Estado facilitando a otro Estado deudas de hambre, hay que tener mucho cuidado. Se puede entrar en situaciones delicadas que rayan en el soborno sutil. Aunque parezca cruel lo que digo, pero es siempre mejor prestar para una caña de pescar, que prestar para comprar un pescado. Se debiera de enfocar de pagarlas cuando se tengan surplus alimenticios. Esto sigue siendo mucho mejor que no pagarlas del todo por pobres.

3.) Las deudas contraídas para Proyectos de desarrollo sí debieran ser pagadas. Pero por los mismos proyectos. Sí los Proyectos han sido buenos no debiera de existir problemas; se necesitaría de la cooperación conveniente de la revitalización del Proyecto mismo. Si a pesar de ser bueno el proyecto, éste no ha funcionado por culpa del país pobre, éste debe de asumir la deuda correspondiente debiendo si agotar las investigaciones para sancionar responsabilidades criminales locales. Si no ha funcionado por otras razones que no incidan en abandono voluntario del país del tercer mundo, los acreedores deberán tener consideraciones especiales por conveniencia, como ya fue explicado; consideraciones que debieran ser endosadas y fomentadas con ayudas especiales a estos acreedores, por los gobiernos de los países desarrollados.

En general todas las deudas se deben de negociar a base de realidades y no de tapadas de sol con un dedo o de situaciones apremiantes que rayen en presiones o sobornos sutiles o compra/venta política o arreglos indecorosos "diplomáticos" por debajo entre supuestos enemigos para que ambas potencias mantengan supremacías regionales y expriman más a los pueblos pobres, aunque sea en formas sutiles. La mayor de todas las realidades es que ninguna deuda la puede pagar un pobre por lo tanto es menester primero tener con qué pagar. Y solo pagar las deudas buenas.

SANIDAD. Se debe de presentar un programa paralelo con los desarrollos planificados. Este deberá ser de aplicación económica y proyectada. Las Comisiones de estilo deberán ocuparse de esto. Para la mejora inmediata hay que recurrir de auxilio a las entidades internacionales haciéndoles ver lo perentorio de la situación, las necesidades en que se encuentra y sobretodo haciendo hincapié que se tienen programas de salud y llevaderos. Presentar estos mismos programas.

EDUCACIÓN. En las disciplinas básicas se debe de recurrir a campañas intensivas además de las programaciones de rigor. Hay que usar en forma intensiva y eficiente de la buena comunicación, ya que lo más probable sea el encontrarse con juventudes con el cerebro lavado por intensidades negativas. Es necesario despertar en éstas mentes otra vez la esperanza en el futuro para borrar todos esos sentimientos destructivos. La educación superior, como se trató anteriormente, es un proyecto rentable para quien lo desee y esté dispuesto a aceptar los deberes correspondientes de este privilegio. El cálculo actuarial del costo por tiempo se podrá computar por vida promedio para esta disciplina. Esta cifra incidirá en forma minúscula en la riqueza agregada personal producida. En general se ha de procurar siempre que el estudiante ESTUDIE, y no sea usado o se preste por su misma inmadurez, para CARNE DE CAÑÓN de politiquerías que solo sirven para enriquecer a grupos egoístas que no les importan los nietos, y son pérdidas de tiempo y hasta vidas de jóvenes entusiastas y engañados. Habrá que hacer hincapié en las disciplinas físicas y espirituales.

EL INTERCAMBIO COMMERCIAL vendrá sólo, como un resultado del aumento en circulante y del optimismo inmediato que va a tener repercusiones mucho más rápidas de lo que se espera. La agilidad se va a observar casi inmediatamente, como ya se experimentó aún en las creaciones no duraderas de movimiento económico.

TODA LA PRODUCCIÓN, sea Agricultura, Industria, Minería, Pesca, Ganadería y otras por el estilo, será la base correlacionada para el verdadero bienestar duradero. Como ya dijimos, en lo Nacional no debe haber problemas. Donde pueden surgir éstos si no se encaran es en la relación con otros países, sobre todo con los desarrollados, por la necesidad apremiante de obtener el mínimo para el Despegue, de Bienes y Servicios importados. Si no sé encara este convencimiento positivo, demás están todas las buenas intenciones. Mejor volvamos a ley de la selva y que vuelvan los Hitler. Esto no es exageración. Es una REALIDAD. Y una realidad que no se puede ni debe de posponer acomodaticiamente.

Como ya dijimos antes, todo proyecto para que funcione deberá hacerlo con la eficiente participación de todos sus Activos. Estos cuando son nacionales podrán ser adquiridos localmente a base de deudas buenas controladas con las metodologías de Actividades

Económicas explicadas. Pero cuando éstos Activos son importados, se tienen que someter los países a regulaciones preventivas de malos usos, basadas en experiencias negativas de malos sistemas y más malos administradores, sobretodo de imprimidas de monedas inflacionarias, que en efecto harían difíciles las deudas internas para producción. Las soluciones que yo sugiero para estos problemas son:

1o.- Convencer a los países productores de bienes de producción necesarios para la producción, como la maquinaria, de la bondad de estas orientaciones. Que así como tendrían a un delegado de las Instituciones Internacionales fiscalizando los usos y orientaciones que se les dá actualmente a los Pasivos adquiridos o nuevos préstamos, también podrían fiscalizar el buen uso que se le daría a la Deuda Productiva que aquí se enfoca. Si no se tiene esta cooperación solo queda el aislamiento a base de no haber relaciones internacionales para solo hacer uso de bienes de producción nacionales, sin las importaciones productivas necesarias. Esta situación ya ha probado no estar de acuerdo con la buena marcha en el concierto de las naciones, ni en la desaparición de la miseria. Lo demás mejor ni aceptarlo. Son nada más que prolongaciones de agonías.

2do. Aún en el caso que lo anterior fuese como debe, ser aceptado, se deberá al principio dar prioridades a los proyectos que MENOS requieran de bienes de producción importados, como ciertas industrias, la ganadería, la minería, el turismo y otros.

ACERCA DEL PERÍODO DE TRANSICIÓN. Es de suma importancia el período de Transición entre el Desastre y el comienzo del Despegue aquí descrito. No puede haber una regla fija para esta circunstancia tan crítica y para algunos un poco pesimistas, hasta pudiese ser la razón por la cual esto no pasará de ser un libro más. Sin embargo existen enfoques básicos a seguir como los que aquí sugiero. Probablemente como dije antes, al no haberse fomentado la Producción, ni los ambientes necesarios para la misma, existe un estado inflacionario generador de mayor pobreza. Se notará casi de inmediato, que al comenzar con Deuda Interna para producir, aunque sea lo más que se pueda con Bienes y Servicios locales, (sueldos incluidos), una especie de despertar y actividad espontánea; inclusive quizás hasta se detenga la inflación galopante.

Paralelamente con ésta mejoría descartar, aunque sea temporalmente, TODOS las importaciones existentes innecesarias de consumo en formas de costo/beneficio, tratando de convertirlas a Producción. Aunque se tenga que seguir mal imprimiendo un poco mientras se descartan estos programas negativos, (Propagandas ridículas, Sueldos fantasmas y Gastos abultados, Ejércitos INNECESARIOS, etc.) Al estrictamente ajustarse a un derrotero definido, enfrascarse a mayores intensidades en más Programas de Producción, esta vez con los crecientes Bienes y Servicios importados. Se está contando con la cooperación conveniente de los países suplidores de estos. Pero así como debemos contar con éste precepto, TAMBIEN SE DEBE DE CONTAR CON LA COOPERACION POLÍTICA Y REAL LOCAL AL ELIMINAR A LA BREVEDAD POSIBLE TODOS LOS PROGRAMAS NEGATIVOS EXISTENTES. Para esto se debe de tener una BUENA comunicación con el pueblo exponiendo los factores, y además una buena cooperación con todas las fuerzas POR IGUAL, del propio país. Tan necesaria es la una como la otra. Si esto no se obtiene en TODOS los campos, mejor ni comenzar, pues sería más palabrería, y más demagogia, más hambre, y más miseria creciente lo que en efecto producen esas posturas egoístas, destructoras de soluciones el anteponer intereses miopes y bastardos a la tristeza de los niños. A nadie le conviene esto. Ni a los mismos egoístas. Por esta razón es que hay que tener Fe.

Por el contrario, si se sigue a la brevedad posible con la cooperación local e internacional requerida, un buen programa de Administración de la Deuda Interna, exclusivamente para Producir como el aquí expuesto, se notará como dije antes, un despertar y una esperanza en los pueblos, que va redundar en mejoría casi inmediata en todos los ramos.

TODO LO ANTERIOR ES DE SUMA IMPORTANCIA INDISPENSABLE SI SE QUIERE DE VERAS TENER UN MEJOR PLANETA Y NO DESAPARECER.

XXIII.- RESUMEN FINAL

1.-<u>Como el mundo llegó a lo que es.</u> Sin ahondar en discusiones teológicas ni evolutivas, por lo poco que sabemos del hombre es que llegó a ser a como nos conocemos en estos instantes, a base de convertirse de un ser herbívoro en un ser omnívoro, pues para sobrevivir en algún tiempo comenzó a comer carne y a usar de la violencia. Tuvo etapas de relativa paz y en medio de mezclas llegó al punto en que estamos ahora. Al desarrollar armamentos que si no se controlan pueden significar la destrucción del hombre mismo y cuidado de todos los seres de la tierra. Como si existiera una disyuntiva final y voluntaria sin términos medios: O nos amamos más y vivimos en paz, o desaparecemos.

Paradójicamente si en un tiempo necesitamos de la violencia para matar y no padecer, ahora necesitamos de la Paz para no destruirnos. Al realizar este concepto innegable, es nuestro deber ahondarnos en la búsqueda de situaciones que aminoren circunstancias para que el hombre se autodestruya. Para esto tenemos que desligarnos de muchos conceptos egoístas y traumáticos y pensar más en las generaciones venideras que en la nuestra.

Prueba palpable que no se han perdido las esperanzas son los esfuerzos de las negociaciones, sobre todo por muchas Instituciones y por entidades que se dedican a estos fines. Sabemos que estas situaciones no son ni serán 100% puras. Lo importante es estar consciente de la ORIENTACION de las situaciones. Después el realizar que existe la negociación. En una verdadera negociación, si es que contamos con la Buena Voluntad imprescindible, todos ganan y no deben existir solo ganadores o solo perdedores. Esto demuestra que tampoco deben existir los dueños de la verdad ni las posiciones olímpicas y de semidiosas adoptadas por los que se creen omnímodos. Para negociar se necesitan parámetros. Uno de los ambientes indispensables además de la Fe, la Esperanza y el Amor, es lo indispensable que es la Paz para poder negociar.

2.- <u>Las reglas claras con las que se tiene que estar de acuerdo para llegar a una conclusión definida</u>. Estas no son otras que las básicas que se aprenden en el Colegio. El final es que se desea que el hombre permanezca en el planeta tierra como especie. Las buenas religiones no contradicen en nada este fin. Un principio que se debe respetar y analizar es aquél que dice que el acto está compuesto de medio y fin y que ninguno de los dos debe de estar manchado para que un acto sea aceptable y el otro, que cuando se tenga que escoger entre dos males se debe de escoger el menor. Profundizar sobre todo esto es lo que hace que la vida no sea aburrida. ¿Que es un medio? ¿Quién dice cuando un mal es menor que otro? Preguntas de este estilo que pueden ser contestadas en diferentes formas no hacen que estos principios no existan. Es de lo más cómodo irse a la yuxtaposición negativa, acomodaticia y salvaje, que un fin justifica cualquier medio. Los dictadores (ideas o personas) lo usan para el mal de la humanidad; no puede haber amor y menos supervivencia en ninguna orientación, o culto, o religión, llámesele a como se le llame, que predique que el fin justifica los medios. Tristemente muchos quieren justificar y creen hasta moralizar este punto. Nada que mata es bueno, por justo o santo que se le quiera llamar.

Tenemos que pensar que al estar de paso por esta vida tenemos que contar con el elemento Tiempo, que hace que a veces confundamos la esencia con lo temporal. La respuesta a esta y a muchas otras dudas es que las soluciones a todos nuestras preguntas son orientaciones aproximadas y "búsquedas hacia", no absolutas como lo serían en el Infinito sin Tiempo.

3.- <u>La moneda y la Riqueza.</u> La moneda y el Patrón Oro nacieron por comodidad. El Estado por proteger se convirtió en un garantizador de muchos abusos y manipuleos; en un interventor/protector con buenas intenciones, pero de realidades no tan deseables. Este es el resultado final con sus estatus explotadores sutiles que estamos viviendo. El verdadero respaldo de la moneda o de cualquier intercambio de Bienes, no es ningún Patrón estático como el oro, sino una mezcla cinética de situaciones como la Producción y la Tranquilidad, que redundan en Actividad Económica. La Riqueza es la tangibilización de todos los factores tangibles o intangibles que la produjeron; éstos, en contradicción con lo que se cree, no son los exclusivos y muy tangibles como la acumulación (bien o mal habida), ni la herencia, sino además una mezcla intangible de Esperanza, Producción, Tranquilidad y otros, que solo puede ser obtenida en ambientes de Paz. DE AQUI LA NECESIDAD CONVENIENTE E IMPERARIVA DE LA PAZ.

4.- <u>El verdadero significado de la "deuda".</u> En el "Gran Balance", actualmente el Capital es un Pasivo más que actualmente se produce en gran parte mediante la acumulación. Este puede, y debe en muchos casos, ser reemplazado y/o aumentado por la Deuda Productiva. En deudas no hay términos medios, o es Pésima como la inflación explotadora, o es Buenísima como la Deuda exclusiva de Proyectos productivos. Este concepto es conocido, usado y administrado por los países poderosos o "industrializados". CUALQUIER PROYECTO CUYO COSTO INTEGRADO SEA MENOR QUE LA RIQUEZA PRODUCIDA DEBE SER LLEVADO A CABO. Esto solo puede suceder basado en una Deuda para producir. El respaldo de la moneda que se imprima para estos fines es la Esperanza en la Riqueza que se generará en el Futuro. El Nuevo Orden Económico de que tanto se habla tiene que estar basado en el principio básico de la Buena Administración de las Deudas Internas y no en paternalismos. Todo lo demás son palabrerías que prolongan las agonías.

5.- <u>El Endeudamiento para Producir debe ser fomentado para TODOS, no solo por los países llamados ricos, ya que el Tercer Mundo lo necesita aún Más</u>. Con un concepto errado, altamente inconveniente y auto dañino, que los países ricos no permitan que los países pobres se endeuden, so pretexto de ineficiencia administrativa. Esta situación, administrada con presiones a veces no muy sutiles, muchas de ellas por las mismas Instituciones Internacionales que están supuestas a promover el Desarrollo, produce efectos nefastos galopantes destructivos que empobrecen aún más.

6.- <u>El principio anteriormente descrito tiene efectos sumamente atractivos además en lo particular</u>. Como resultado de la consideración del Balance Contable con otro lente y con la verdadera orientación de las finanzas, se lograrán resultados que aminorarán las demarcaciones entre ricos y pobres. Al promoverse proyectos rentables justificables por sí, sin necesidad exclusiva de la Acumulación o Capital ahorrado, se verá aflorar mayor actividad económica. Al volver tangibles otros Activos de todos los individuos, incluyendo los de menos fortuna, como las Proyecciones promedio y Cálculos Actuariales más justos sin derroches ni explotaciones sutiles por falta de comunicación, cada persona o Individuo podrá obtener su propio "Despegue", para adquirir los bienes necesarios que desee, en formas más tranquilas para su bienestar y el de su familia; inclusive en los países ricos.

7.- <u>Es de Suma Conveniencia para los mismos países industrializados que los pobres del Mundo salgan de sus miserias</u>. La pobreza es contagiosa. Las oleadas de gente que invaden a los países ricos son prueba de ello. Lo mismo las enfermedades nuevas y los crímenes, que tienen su origen en la pobreza. Estas, por más que se trate, NO TIENEN FRONTERAS PERMANENTES. Hay que ser muy miope para no darse cuenta que las situaciones tristes por las que vive el Tercer Mundo no son deseables, y que les es CONVENIENTE a los países industrializados la mejoría de los países pobres. Este estado de cosas debe de ser cambiado a la brevedad posible. Existen formas y orientaciones constructivas para hacer esto. El aporte de estos conocimientos y cooperación bondadosa en todos los campos para estos fines, sería la verdadera ayuda conveniente que los países ricos le deben de prestar al Tercer Mundo. Las situaciones tensas de odio, terror o envidia que existen, a veces sin aparente explicación, se deben al final a estas situaciones que pareciera que pasan desapercibidas.

8.- <u>Para tener Paz, los países del llamado Tercer Mundo necesitan tener buenos gobiernos</u>. La Democracia, que es una Búsqueda, no un Encuentro, y que ha probado ser la forma menos negativa para las ansias de Justicia, Riqueza y Tranquilidad de los pueblos, debe ser usada en formas más eficientes y mejoradas para no producir los círculos viciosos de explotaciones, militarismos y dictaduras existentes. El pueblo debe ser consultado con mayor periodicidad sobre todo para eliminar lo negativo en CUALQUIER momento, por aquello que los pueblos siempre saben lo que NO quieren aunque a veces no necesariamente sepan lo que quieren. Los adelantos electrónicos deben ser pauta que ayude hacia estos fines.

9.- <u>No tenemos mucho tiempo</u>. Lo descrito en éste tratado es la única forma que los países pobres puedan salir de sus miserias en formas sorprendentemente rápidas. Tienen la palabra los Pueblos y los Gobiernos del Mundo.

Noel Pallais DeBayle

Noel Pallais-DeBayle

Breves datos biográficos sobre el autor

Noel Pallais-DeBayle nació en León, Nicaragua en Septiembre 25 de 1928. Aunque ha escrito muchos artículos, esta es la primera vez que publica un libro. Fue graduado como Ingeniero Químico en la Universidad de Notre Dame, Indiana, USA, completando después cursos en Economía, Contabilidad y Administración de Empresas. Ha viajado por varios continentes, ocupando luego varias posiciones políticas y diplomáticas. Fue Presidente y Gerente General del Banco de Desarrollo de Nicaragua, al cual en poco tiempo le multiplico con ganancias los activos siete veces, aplicando algunos de los principios permitidos postulados en este libro. Él es ahora ciudadano de los EE.UU. y reside en la ciudad de Miami, Florida. Pallais-DeBayle está terminando un libro y una novela inspirada en algunas experiencias actuales de América Latina.

Diseño de portadas, diagramación;
Ilustración y diseño interior por
Flavio Rivera-Montealegre
Editor
flavio_rivera2000@yahoo.com

www.ingramcontent.com/pod-product-compliance
Lightning Source LLC
Chambersburg PA
CBHW030418290526
45786CB00001B/35